U0040814

# 煖身

華嚴禪修入門

海雲繼夢 著

# 華嚴，生命的花園

生命本該百花齊放，花花不相礙，
玫瑰、牡丹、野花、小草，
盡情綻放，各自美麗，
花開花謝，萬物共存。


大方廣佛華嚴經，雜華莊嚴諸世間。
意即，生命各自綻放美麗。
學華嚴，活出燦爛、活出芬芳、活出光明。
諸經之王，生命的花園。

# | 目錄 |

# │自序│

當你翻開這本書的時候，表示你正在找尋「禪修」的相關資料，你會翻開這本書，或許是有緣、或許是因為興趣、或許是你正在精進！但是請你不要馬上闔上書本放回書架，因為書中的主角正是「你」！

這不是一本普通的禪修書籍，它是一堂改造你一生命運的講座，是一部改造生命的「百科全書」、「科普大全」；這是綜合古今以及當代中西禪修的系統化教學，是真正的、完整的「科班教學體系」，是已經失傳了七、八百年的「東山法門」，重新恢復的復興版本。

有心於禪修的行者，常有一種說不出的感歎！譬如：「何以禪修行者眾，而成就者寡？」

或者是「何以言者滔滔而行者了了？」又或者「怎麼修？從何下手？這樣對嗎？如何證明對否？」類似這樣的一連串問題如何解？綜合起來有兩大類問題，即是「下手處」與「出口處」，其他所說都是其中的片段，無法論斷其中的是非對錯，即或引經據典，或搬出公案語錄，亦皆斷章取義，故云「三世佛冤」，三世諸佛都喊冤枉啊！究其緣故，是因為「禪修界」中，缺乏「科班教學」與「系統化教學制度」之故。在這樣的背景下，禪修界內普遍墮入五大敗筆的修行陷阱中（詳後文）。此一「修行者眾，成就者寡」的主角，主要是行者以「意識界」的心態開始修行的緣故。

## 修行者眾，成就者寡

　　當世「修行界」的真實情況，乃是修行者眾而成就者寡，造成此一現況的主因，在於行者是以「意識界的心態」來修行，而其結果則是百分之百的失敗。這是由於「意識界」是用「五大敗筆」來修行，而五大敗筆是「行者具備修行資格」的本體性障礙，也是行者無法具備修行資格的主觀因素；既不能成為行者，何有成就之可言？

　　五大敗筆的形成來自於教育普及（識性發達）、思想自由（妄想紛飛），英雄夢想（不守規矩）等三種社會「結構性病變」所造成。這三大社會結構性病變的惡魔，為娑婆世界創造了「奶瓶樂」的狀態，使得中上根器的人，沉迷於眼前享受而無思上進，迷失心靈且一頭栽進「福利社會」的陷阱，自以為樂而不自知喪失了奮鬥意志。如低頭族一般，盲目沉浸於手中的遊戲，或是腦中妄想紛飛而不止，此皆是耽於一時之樂的麻痺現象。

　　多數眾生活在「意識界」，使得人性愈加浮躁，心思淺薄，思惟麻痺，見識短淺，無法作長遠的打算，更無法深耕心思，故而逐漸悖離心靈，耽迷於七情五欲之樂。這樣的眾生，即使想要修行，乃至進入僧團的領域，也是迷惑顛倒。

意識界的眾生所具有的五大敗筆內容：

一、**自我解讀**。包括：自以為是、一廂情願、想當然耳……。

二、**普羅認知**。包括：五大誘因——事業、權與名、感情、利益、健康，以及社會結構中的普世價值觀、民間信仰、道德觀 ……。

三、**流行概念**。包括：專家說等等、流行觀念、名嘴詐騙、網路謠言 ……。

四、**意識形態**。包括：一切人為標準，乃至政治、學術的命題……等等，此皆虛妄也。

五、**先入為主**。包括：一切個人生活中，社會、文化、經驗的族群熏習、人生經驗等的經歷，皆會成為每個人的潛意識指揮者……。

　　這五大敗筆是意識界人生的普遍狀態，是人生「癡質」的具體呈現。五大敗筆的人生是意識界的人生，在紅塵中或許貴為帝王、將相。人格品德若不健全，也不能修行。這五大敗筆是凡夫輪迴中「性障未除」的根本——「癡質」所造成的。唯有經由「象限轉移」：從「意識界」轉回到「現象界」，才有可能開始修行，

換言之，由「意識界」轉回到「現象界」是修行的先決性條件。

　　癡質是後天性生命的特色，這是由於無明的作用所致。人若能發現癡質的存在，即是「自覺」；而尋求解除癡質的束縛與困惑，即是「破無明」，此乃「正覺」也！癡質除五大敗筆外，尚有四種非善及四種無用的狀態：

一、四種非善

①　**放任非善**：泛慈悲流於世間應酬，非善也！

②　**溺愛非善**：無知的溺愛反而害之，非善也！

③　**高標非善**：意識形態的標準，似是而非，非善也！

④　**拖延非善**：猶豫而被裹脅，無有定見，非善也！

二、四種無用

①　**盲目的努力**：猶如螞蟻一般終生努力，不知幹啥，無用也！

②　**跟錯的努力**：魔王何以有魔子魔孫？邪魔外道如是而生，無用也！

③ **錯位的努力**：明明向東，何以向西，拚命搞錯的努力，
   無用也！

④ **無恆的努力**：人生如浮萍，無有定位，每每有目標，每
   次皆不同，故每回努力皆白費，無用也！

　　紅塵中（意識界）的人生，全部都在這種生活氛圍中。不活
在五大敗筆中，也活在四種非善的煩惱，以及四種無用的無奈人
生中。因此才必須自覺，乃至正覺，才能找到真正有意義的人生。
如《華嚴經 · 淨妙國土章》中，文殊師利菩薩告善財童子言：

　　「善男子，菩薩有十種法具足圓滿，則得成就修真供養一切
如來，何等為十：……八、如說能行，如行能說。……何以故？
如來恭敬尊重法故。猶如孝子尊重父母、承順顏色、心無暫捨。
若復有人敬其父母，其子倍復尊重是人，諸佛如來亦復如是。若
諸眾生供養法者，是真成就供養如來，以諸如來尊重法故。」

　　又言：「善男子，如來從修行中來，若能修行是者成就供養
如來。諸佛出世本為利樂諸眾生故…若復不能如說修行、如行而
說，是亦不能利樂眾生。」引言中文殊師利菩薩一再提到：「如
來從修行中來」、「如來尊重法故」、「如說而行，如行而說」，

此三者是普賢大行，透過文殊大説，方足以顯，故言「顯」明也：

一、顯「説」者：理也、智也、解也、漸也、次第也、位次也，統稱為「漸」、引入也，故曰「顯明」。

二、內「行」者：事也、實踐也、兌現也、頓也、超越也、實質也、存在也、潛行也、行不彰也，統稱為「頓」、行入也，故曰「內隱」。

至於「説」者的立場，有二層含意：

① 説者顯明也，意即「佛法無人説，雖慧莫能了」，再聰慧的人也無法透澈佛法真諦，需要有「説」者，此「説」是指彰顯也、敷陳也、明瞭次第也、引人入勝也；決定了次第、以明進修次第也。既知其然，後面必定會「行入勝境」！行入勝境，就是依事來修行，方能兌現所説的涅槃境界。故有如説而行，「行」乃依理之説而行。若唯説而不知「行」的下手處，就是不知行也，我們所説的學佛，屬於正法之門，唯有透過「矯正觀念」、使之認識人生方向，此乃正覺也，未起行而已！

② 知而後有善知識引導，而能覓得行法下手處者，即是進

入「行起解絕」的行法之列。此時已經不只是正法而已，更是「心法」之門。學佛屬「解門」，屬於「教」、屬於「漸教」，依於各宗各派而有種種攝受門，又稱八萬四千法門，乃至無量無邊法門的範疇。修行則不然，修行屬「行門」、解脫道，屬於「頓教」，非學佛的圓融道！圓融道在講堂、法堂，在攝受、在矯正觀念、在釐清佛法與修行之別；而解脫道在禪堂，在實踐、在體驗、在轉化、在進行生命的改造工程！此解脫道修行的心法是「一路涅槃門，歸元無二路」的不二法門，與學佛八萬四千法門的立場，是截然不同的。故知此法門，唯傳「法王子」，不落餘人之手！

禪修是解脫道的本質，是邁向究竟涅槃的唯一途徑，故說：「一路涅槃門，歸元無二路。」是行門非解門、是頓教非漸教，亦是心法。故雖依理勘訂，但卻是事修、事入、事兌現的工程。因此，從此處起「唯是實修」，兌現生命改造工程，轉凡成聖由此入手！

**海雲繼夢**

煖身 華嚴禪修入門──自序

# | 第 1 章 |

# 認識禪

「禪」這一個字，大概是世界上，最迷人的一個字！

禪為人所迷的情況，猶如真理、靈性，人人都想追求也都在追求；但，就是說不清「真理」是什麼？「靈性」是什麼？同樣的，迷人的「禪」又是什麼？「我」是誰？同樣令人迷惑。若說追求的人不懂，卻也未必；若說懂，卻又說不出其所以然。所以人人都可以有一套答案，但這個答案又都不是公認的標準答案，因而自己常常可以輕易否決它。

「禪」通稱為四禪定，或略稱「四禪」。修此四禪定（又稱定靜慮），生於色界四禪天（又稱生靜慮）。此禪定是一切行者必須經歷的過程，若不經此過程，只能說是修養，而非修行！

此禪定是生命改造工程中的關鍵基準。我們所處的有情世間，佛說三界，三界包含「欲界、色界、無色界」，禪定正是讓欲界四大微細（欲界細胞）轉化爲色界四大微細（色界細胞）的分水嶺，這是進入修行領域的第一道坎，或稱第一個關卡。換言之，如果沒有經過「欲界細胞轉化成色界細胞」的過程，就無法進入「解脫道」的範疇──修行必須從入定開始。

禪定之「作意修行」是爲「禪修」，這是根本定義。禪源於「作意修行」，也就是說從「已知」的可思可議可理解

的範疇中，作意引發，有意識的沿著科班訓練，在人人可爲、可重複、可驗證、可教可學的「已知」環境中，逐漸進入「不可思、不可議」的境界，這個全過程，即是轉凡成聖的「生命改造工程」，簡稱爲「禪修」。

禪定若從「修因」來說，則超欲界之惑網，這就是今日所說的「意識界」（知識經濟學以及智能科技的思惟範疇），我們習慣用大腦思考分析，愈是高知識分子，愈容易以意識界來判讀與理解世間萬事萬物；例如，今天要吃什麼美食，這就是用大腦的「意識」在生活，至於眼前自己到底吃進了什麼，卻未必有感覺。

傳統上，我們稱呼「斷妄想」或「轉第六意識」為「妙觀察智」。但是，這是指「人」這個生命存在的特質，是從「意根→法塵→意識」所存在的「意識界」來說的。

然而，另一方面「人」這個生命的存在，尚有「五根→五塵→五識」的存在，而「五根→五塵→五識」的存在並不在意識界，而是在「現象界」中。現象界無法用大腦思考，必須透過「發心工程」的完整培訓，才有機會轉入現象界。在現象界中，包含了「欲界、色界、無色界」這三界中的森羅萬象。禪定之修因，還必須超越欲界中的四大五根（注1），以入色界、無色界的四大五

根，這個過程皆稱為：「修因超欲界之惑網」。

禪定若從「果德」來說（果德是指四智、三身、十力、四無畏這些「果上的功德」），果德則生於色界天，更甚者生於無色界天（此指四空定之成就者，能達到「空無邊處定、識無邊處定、無所有處定、非想非非想處定」的成就。）。

宋朝蘇軾詩偈上寫道：「八風吹不動，端坐紫金蓮。」這個階段禪定的「定靜慮」又可稱為定禪地，靜慮也叫「思惟修」，定靜慮表示寂靜中（無有散亂、煩惱、胡思亂想）蘊含審慮、思惟的作用；與之相對應的是「生靜慮」也可稱為生禪天，定靜慮表示欲界人經「修得」而轉入色界天人之心德；生靜慮為色界天人「生得」的心德。因為定靜慮而生於色界天的靜慮，有四禪八定（注2）及欲界等，全稱「三界九地」。

此禪定的果德，即「色界定」或略稱「禪定」，為一切世間功德乃至出生一切出世間功德的根本源頭。所以，又將「四禪定」稱為「本禪」，若不經此欲界到色界的轉化過程，並不算正式進入修行，只能稱作修養。後者可以從教育、家庭著手，但是修行是「絕對生命」的存在，是讓凡夫轉為聖人的功夫，唯有經過禪定的冶煉，你才能知道為何禪修即是「解脫道」，而非學佛的「圓

融道」，所以說，「一路涅槃門，歸元無二路」是禪修的心法！

禪修為心法，為解脫道。在梵文 मोक्ष，轉寫 mokṣa 音為「Moksha」，音譯為「默許」，支婁迦讖（注3）譯為「心法」，安世高（注4）譯為「安般守意」。Moksha 一詞，有的瑜伽學者翻譯為「莫克夏」，藏密系統有翻為「密續」者，甚至有因此而鬧出的炒作與詐騙的笑話公案。簡言之，「禪修」就是解脫道的行法。千萬不要將「心法」一詞神祕化，雖然「心法」是「以心傳心」、「心心相印」，但這不是以蠡測海、盲人摸象的自我解讀，更不是神祕兮兮的怪力亂神。

注1：四大五根：眼耳鼻舌身為五根，地水火風為四大。人離世時需經歷四大五根的四分五裂。

注2：四禪八定：四禪，是指色界天的四種禪定境界。色界天的四禪境界與無色界天的四無色定境界，合稱為八定。

注3：支婁迦讖，梵 Lokakṣema，又叫支讖，大月氏（中亞古國）人，後漢桓帝末年至洛陽，從事譯經。

注4：安世高大師，安息國人，名清，字世高。係安息國（今依朗）太子，博學多聞，信仰佛教，後讓位給叔父，出家修道。於東漢桓帝建和二年（西元 148 年），行經西域諸國，而來到中國洛陽，從事譯經的工作。

「心法」是一種心行的訣竅，這種訣竅是在一種反覆的自我推敲、摸索與熟練的過程中，產生了一種熟能生巧的「巧」；而此「巧」是能夠上合十方諸佛，在同一竅門下，合一切行者同一悲仰的菩提印契。這種求道者的精神與心態，是可教、可學、可重複、可驗證的行法，方為禪修之心法（或稱「行法」）。

　　佛陀的示現，其最偉大的成就之一，就是將印度文明史上的修行文明統一了起來，將修行的目標定義為「解脫」，將修行的方法梳理為「定慧等持」（注5）。

　　佛陀把印度當時的思想體系、教學系統，加以重新規範、梳理後，雖然不像現代的教學制度與思想般的八股，卻對當時印度社會上混亂的修行文化與社會現象，產生了絕對的改革，對於印度的修行文明及社會，產生了深遠而廣泛的影響，在與禪修有關的「生命學」及宇宙論中，可謂弘範三界，真正的展現了，行者思想家的卓越風範。

注5：等持，定之別名。梵語舊稱三昧，譯為定。新稱三摩地（Samādhi），譯作等持。「定慧等持」即禪定（梵語 dhyana）與智慧（梵語 jnana）並修。

# ｜禪修宇宙論｜

　　在佛陀的「禪修宇宙論」跟印度的宇宙論是不同的。印度的宇宙論範圍相當廣泛，包括了天界、人界以及地獄，比較類似《地藏菩薩本願經》中所描述的宇宙觀，是一種普遍的存在敍述，包羅萬象。

　　但佛陀的禪定思想系統，則是將禪修果德的等級、所達到的層次，類比而列出「三界九地」。因此產生了「定靜慮」與「生靜慮」（即定禪地與生禪天）之說，這是佛陀革命性的思想創造，是偉大思想成就！這是佛陀將禪定的修學系統，架構出一套完整的教學體系，給後代子孫作為修學依據。此一教學體系中的思想創造，正是佛陀的偉大處，也是佛陀「正法」基因傳承之所在！

　　歷來禪修界有所謂「四禪定」是跨宗教的共識外道禪的說法。但若未能基於佛教基礎下認知「四禪定」，不免失於偏駁，要知四禪定及四禪天的思想框架，乃是佛陀所獨創。試問，如果有外表看起來雖非佛子，但是他的言行舉止與修持皆符合佛陀教法而修學之輩，難道就不是「佛」之嫡傳弟子？這個道理在《阿含藏》也好，《四十二章經》也罷，都多所指陳！所以，我們應當可以說「四禪定為一切解脫道行者所共同之必修」。

　　關於四禪定的部分，除非是自學的盲修瞎練，否則在完整的科班訓練中，四禪定固然是屬於「禪定工程」，但在完整的教學

體系中，尚有「般若工程」並行，今稱「等持工程」。這是佛陀「禪修」的教學體系，這是人類首次將「修道之謂教」的具體化，並以系統化方式的表現出來，這是佛陀真正的法身ＤＮＡ。

## 細說「定禪地」與「生禪天」

關於「定禪地」與「生禪天」的立意，是佛陀在禪修的教學體系中，所展現的非凡魄力。此一立意使得禪修有了標準可循；更是行者自我勘訂用功得力與否的藍圖。雖然人人資質有別，然而這在禪師手眼的運用上，更可展現「禪」與「修」之人性化與自然性的結合與融洽。茲將定靜慮（定禪地）與生靜慮（生禪天）之間的關係，略示於右表：

理論上，定靜慮（定禪地）與生靜慮（生禪天）分九地，在傳統上分別配屬「欲界、色界、無色界」這三界。此四禪八定中，定禪地與生禪天的立意與劃分至關重要，是禪修的重要依據；也是一位禪師對行者的教學指導及實際驗證的標準，尤其是在「色界」訂立四種禪定標準，包含初禪天「入定徵」、二禪天「得定體」、三禪天「顯定相」、四禪天「起定用」，更是行者必經的歷練。

## 定靜慮與生靜慮

| 定禪地 | 三界 | 生禪天 |
|---|---|---|
| 五趣雜居地 | 欲界 | 含意識界與現象界中的欲界，五趣眾生皆在此界，惑網所纏。 |
| 離生喜樂地 | 色界 | 初禪天……入定徵 |
| 定生喜樂地 | | 二禪天……得定體 |
| 離喜妙樂地 | | 三禪天……顯定相 |
| 捨念清淨地 | | 四禪天……起定用 |
| 空無邊處地 | 無色界 | 初空天（空無邊處天）…… 入定徵 |
| 識無邊處地 | | 二空天（識無邊處天）……得定體 |
| 無所有處地 | | 三空天（想無邊處天）……顯定相 |
| 非想非非想處地 | | 四空天（非想非非想處天）…… 起定用 |

在大乘的國度中，通常將三界諸天當作民間信仰的對象，此乃相對於地獄說的善惡對比，也確實是民間信仰的重要教材。因是之故，三界諸天成為了圓融道行持的主要教材，然而，卻也因此忽略了此乃解脫道中最重要的「第一坎」，提醒行者；於此千萬不可忽略。三界諸天中最重要的是行者初涉禪修中的「**定中境**」**狀態**─在入禪定的過程中所看見的各種境界，這個狀態的主要意義乃在反應修行者「**定的功夫**」，以及「**空的覺受力**」──「有如是定功夫」就有「如是天境界」。有如是定功夫者「定靜慮」者是；如是天境界者「生靜慮」者是！

所以佛陀有關「定靜慮」與「生境慮」的理論與思想系統，對當時的印度修行文明而言，是一種革命性的價值觀，此一思想體系的提出，更是對行者在菩提大道上的行法，畫出了一幅完整的藍圖，尤其是入手的第一步──「入定」。如何入定？入定的過程、步驟、前行、注意事項，以及行者的具格要件、乃至修行陷阱，皆有完整的教學體系及禪修進程的藍圖；這是第一步，也正是本書的重點。

前述「禪與禪修」的根本定義為佛陀法身之ＤＮＡ，若論佛陀傳承所傳者，即此法身之ＤＮＡ。然放眼當今禪修界中，不論

南傳的巴利語系或藏傳之藏語系，以及印度的瑜伽系統、新興宗教、靈修等，乃至中國的漢語系統中的禪修，幾乎不論及此一佛陀的傳承。其他語系的禪如何我們可以暫且不論，但是中國佛教也產生此種現象，我們就必須正視這些問題與現象，才是修行弘法利生之本懷！

## 禪修入道兩大甘露門，「禪定門」與「般若門」

漢傳佛教的大乘國度裡，普遍存在著「等持工程」的認知與觀念，這可以從各寺院牌樓雙角翼下方，分布著「定慧等持」、「教觀雙舉」、「福慧雙修」、「解行並重」等等之類的標示可見一斑。然而在大部分禪堂中的「禪七」活動中，課堂上所開示大多是語錄、公案之類的歇後語，而非系統化禪定門的教學，縱然或許有「有心的禪師們」，可惜也只側重於「般若門」的詳細解釋，在根本上卻完全忽略了「禪定門」的教學系統的重要性。

須知，禪修入道的兩大甘露門，即是「禪定門」（又稱入定門、禪定工程、內攝工程等）及「般若門」（又稱內觀工程、內觀門、心法工程等）。於禪定門中，內攝工程是行法的第一步，必須「入定」直到二禪定的得定體，於定體中完成「定中境」的

「息身工程」以後，才能有「內觀工程」的「心法運作」。

　　有關四禪八定的根本定義已如前述，今就般若門加以說明：

　　「般若門」又稱內觀門。行法中能修者觀；「觀」什麼呢？有觀色跟觀心兩種法。「色法」即四大：地、水、火、風；「心法」即一切「心想生」之法。

　　但是到底什麼是「觀」？不是隨便亂看，「觀」乃是指在入定中，透過「定中境」的狀態「凝視真如」的存在，直指你我真實的本質。此「觀」並非一般人所謂的「識的隨機命題」，隨機命題用的是大腦的意識，是在「定外用心」，與定中境中的「凝視」是截然不同的。換言之，唯在「定中境內」，才是內觀所謂之「內」，於此「內」中才能凝視「真如」的出現及其一切境界的存在，所以內觀之中是不用大腦的。這裡所講的不用大腦，是指不用意識界中「識性迴路」的大腦思惟，用的是現象界中「生命迴路」的大腦作用。

## 大乘禪法二個無解的矛盾與困局

在此要留意的是，般若門乃入定之後的第二階段工程，而今在大乘修行的國度裡，卻只論般若門而忽略了禪定門，這種以偏廢圓的行徑，造成了長期以來大乘禪法二個無解的矛盾與困局，落入陷阱而不得出。

第一個矛盾陷阱是「定慧等持」中的不等持，首先是「無定」，雖然在「打坐」，卻無禪修的資格與條件之培訓，縱或有「善根猛利」之行者，偶爾觸及八觸與十功德等現象，也無人能指導「晉學之方」。八觸是指「動、癢、輕、重、冷、暖、澀、滑」等身體上的變化；「十功德」則是指「空、明、定、智、善心、柔軟、喜、樂、解脫、境界相應」等心理上的變化。若無善知識指點，反而會對此現象斥之以「中邪」、「禪病」、「外道」而評之，實在是一大遺憾！

其次，雖然大家都在談「般若門」，一般人卻往往都是在「定外」（沒有入定）的狀態下來言說般若，而實際上卻不知道「般若」究竟是什麼呢？大家談的「般若」大多是引用公案、語錄中標的而自評，所言鑿鑿無不是高大上的究竟義、究竟空、無無明乃至無無明盡……，但卻從來沒有真正的實踐「如何破無明（注6）

乃至如何進入毘盧性海（注7）」的歸元之路！此乃今日大乘禪門中第一個矛盾陷阱，此一陷阱使行者墮入香水海中，而師者在常放逸天，夸夸自談。

第二個矛盾陷阱是「北漸南頓」（注8）中的「頓」被訛化的陷阱。簡言之，漸頓之爭雖自唐末有之，然演變成漸頓的意識形態之爭，乃是明清以來「禪門名嘴」們的傑作，這可謂是禪宗歷史的一大笑話。

漸頓之說原是判教教學上的思辯問題：

「漸」爲教、爲解、爲理、爲次第，是乃佛法修學上的理論指導與修學背景；必依之而行，方不至於誤入歧途，掉入陷阱而不自知。

「頓」爲行、爲事、爲兌現，頓者不言理，是以言「行起解絕」。然「頓之行」則是在兌現，理上所言之究竟涅槃，以兌現故必須事修、事行，故筆者以爲英文直譯當用「To do」或「The doing」一詞爲當，以事行在生活中，用以兌現那止於至善、十全十美的人生境界。故其所行之事，並非理上所言之「其他條件」不變的理論，而是所有狀況層出不窮的無常變幻，行者直接處理，

「這些擺在眼前的事況」，謂之「頓」！所以「頓」並非跳躍的意思，不是直接跳到終點站，就表示你已經到達了，若如此則此頓乃是「狂禪」，是所不取也！「頓」更重視行者直接處理入道的第一步，無此入門之第一步，則此行者根本就尚未入門，故「禪」行者，首重視入流（入道），若不入流（入道）何以言道？

注6：無明，梵語：Avidyā，是煩惱的別稱，為明（梵文 vidyā，意為看到、知道）的相反詞；亦即不達、不解、不了，而以愚癡為其自相，為十二因緣之首，一切苦之根本。

注7：毘盧性海，謂毘盧遮那佛之體性廣大無限，猶如大海。又作毘盧藏海。毘盧為法身如來，故毘盧性海亦通法性界、佛性界。（來源：佛光大辭典）

注8：在中國佛教思想史上，遠在南北朝時代，就曾展開過一次「頓悟」、「漸悟」的爭論，及至唐代，頓漸的爭論更達到高峰。禪宗針對眾生的「頓漸」根性，有「南頓北漸」之分。「南宗」的六祖惠能大師提倡「頓超法門」，主張「立地成佛」；和六祖大師同門同師的神秀大師，他的「北宗」則主張「漸修」。「南頓北漸」，「頓漸之爭」，千百年來一直未曾停止過。

# ｜認識四禪八定｜

　　因此，現在對於從前述「禪」根本定義中的「四禪八定」的原意有加以補充的必要，若不加以補充說明，恐多數行者皆墮入修行陷阱中而不自知，繼續以盲引盲，相牽入火坑，這豈非是時代之大不幸。

　　首先就禪定的種類加以說明：在原始定義中唯有四禪八定，今列入修行陷阱中的「意識定」及「欲界定」的四依定（此所謂禪定並非傳統正法中原始定義的禪定，而是今日末法中，人人口中的「禪定」），故禪定的種類有四種而非二種，此一說法雖是重新梳理過的概念，但仍不離佛陀親教的原始教義。

## 禪修略史

　　禪修的發展歷史，也反映了人類在靈性上的摸索過程，略述如下：

　　禪修的系統化、明確化、具體化及標準化，源自於佛陀的教學體系。雖然佛陀當時，僅在印度當時的修行文明當中加以歸納、整理，並梳理出「禪修的次第道」及最終的解脫目標，但植基於當時的文明背景，能夠理出一條「邁向涅槃之路」，實屬不易。當時佛陀親教的禪修行法，稱為「涅槃系統」的禪修行法。

## 意識定‧欲界定‧禪定

| | 意識定 | 欲界定 | 色界定 | 無色界定 |
|---|---|---|---|---|
| 第一重<br>入定徵 | 五趣雜居地 | | 離生喜樂地 | 空無邊處地（天） |
| | 香水海中 | 夜摩天 | 初 禪 天 | 初 空 定 |
| 第二重<br>得定體 | 山麓諸天 | 兜率天 | 定生喜樂地 | 識無邊處地（天） |
| | | | 二 禪 天 | 二 空 定 |
| 第三重<br>顯定相 | 山　腰<br>四天王天 | 化樂天 | 離喜妙樂地 | 無所有處地（天） |
| | | | 三 禪 天 | 三 空 定 |
| 第四重<br>起定用 | 山頂忉利天 | 他化自在天 | 捨念清淨地 | 非想非非想處地<br>（天） |
| | | | 四 禪 天 | 四 空 定 |

1：五趣雜居地（惑網所纏），性障未除。

2：禪指四色界定；定指四無色界定。欲界與意識界原無定名，亦
不為定。但此二部分人，仍有少許識性與靈性的活動。若有專
注一心在磨練中，或有某種「合法」的突破而有入定之功。惟
以其命根的生死所纏，故稱「惑網所纏」、不得「離生」，故
不入列為定。若能有轉「欲界四大微細」入「色界四大微細」，
方能入「離生喜樂地」，此為初禪定。故意識界與欲界本無定
名，以教學方便為窮盡一切眾生，故凡為求生者之一切活動，
全列入修行範圍；而假以定名，因之合而為四種定。

● 「部派佛教」時期：弟子們將佛陀的禪修行法加以部派化、門庭化，但此時的行法更重視具體的步驟，不像佛世時期重視「解脫」為目標，以及對「見地」的驗證。因此，這時期的部派行法，已然建立了「尋伺系統」的行法教學體系，唯此一尋伺系統仍未明確「定中境」的用功方式，蓋以印度根本上的修行文明而言，「入定」乃當然之事。因此，到底在入定的狀態中是各自以「定自在力」的內力在奮進？抑或是以「神力」在進行「定中境」的工程？並沒有明確的區別與教學之指引。

● 大乘佛教的「菩提系統」時期：部派佛教以後，佛教的禪修系統，基本上已經為印度社會及印度的修行文明所接受，而且已經普及到了南印度，並經海路北上到中亞地區。當時的禪修文化，有了更進一步的系統化與具體化，因此產生了大乘佛教的「菩提系統」。此一教學體系已細分並發展成四十二位等行法。此一時期的菩提系統、禪行法，已經不再是印度人的禪修行法，而是其他民族對於禪修的文化有了透澈的理解之後，所產生的在「礦野、沙磧之中，樹大法幢、出寶王剎」的全新行法。故產生了「摩訶衍」即是「真理」──大乘即是真理的標的。而大乘禪法的菩提系統，即是邁向真理之路。此時菩提系統的教學不但是一套完整的生命改造工程，其中菩提道的次第已然成為完整系統。

‧**東山法門時期**：最後，當大乘佛教傳入中國後，從中亞發展起來的「菩提系統」，與《阿含藏》的「涅槃系統」，共同衝擊著中國佛教界，因此中國的行者與中亞、印度等行者，在中國文化的基礎上，將歷史上的三大系統，用「一以貫之」的立場將之串聯起來，並超越了「相宗」與「空宗」的立場，而獨創了「性宗」的本質。

此時行法更將教學體系予以具體化與標準化，因而標舉出「定慧等持」的立場，這使得佛陀當時的教導中，「那個」一直無有語言文字明示的「祕密」，一下子公諸於世，這就是「一佛乘的三昧系統」，又稱「一乘禪法」，又以一乘禪法起源於黃梅東山，故名「東山法門」。東山法門的教化盛極一時，尤以唐宋兩朝為最，一直到了元代「崇密抑禪」以後，三昧行法才逐漸式微乃至失傳至今。

今日「普賢乘華嚴宗」以接法傳承之因緣重新復興，重新為此「三昧系統」定名為「等持工程」，**此本宗行法有兩項特點：第一特點即「入定」，本宗之行者的第一課即是要能「入定」。第二特點即在「定中境」中「內觀」**，所以內觀工程為高級禪修課程。依於此兩項特點，入定屬「內攝工程」，為初階禪修課程。

本書的第一課即是「內攝工程」，此內攝工程屬於華嚴禪觀中「發心工程」的內容，在「發心工程」的階段裡共有：戒、律、調身、調息與調心等五門功課。

在梳理禪修史略的過程中，以及長期實踐與教學的現場中，發覺人性的通則——「識性的作用」！每個修習者幾乎都會窮追不捨的問「為什麼」，這都是良性的追求，表面上人們要的都是「理性的、客觀之類的答案」，然而實際上真正要的並非是要「知識的答案」，而是「疑情中的覺受」，這種「疑情的覺受」其實是靈性成長與成熟的結果，而靈性的成長是須要時間的孵育，方能從「疑情中的覺受」得以兌現。

## 一乘禪法與華嚴禪觀

現在本書已將歷史上已經失傳了七、八百年的「東山法門」禪宗行法，重新綜合整理並架構起來，並與歷史上的修行系統、教學主流作了詳細的勘訂，重新鏨出適合於此「末法時期」剛強難化眾生所需求的一乘禪法。於茲以附表對照略述如右：

## 一乘禪法與阿斯坦瑜伽 對照表

| 一乘禪法（華嚴禪觀） | | | | 阿斯坦瑜伽 |
|---|---|---|---|---|
| | 華嚴禪觀 | 禪修簡介 | 禪修內容 | |
| 發心工程 | 一、戒<br>二、律<br>三、調身<br>四、調息<br>五、調心<br>六、忍（認）可<br>七、起修 | 此為修行的先決條件，共計三要件：<br>一、心性要件有三。<br>二、內攝要件有三。<br>三、內觀要件有三。 | 此乃行者發心修行的必備條件也是修行者的資糧道。若無千年以上的積累，則必須先經過科班訓練，並接受勘驗及格。 | 一、內戒<br>二、外戒<br>三、體位法<br>四、呼吸法<br>五、靜心 |
| 禪修前行 | 穩定<br>勝進 | 此為「禪修前行」，印度本民族言「內攝工程」即可，我們皆屬外民族，此一前行仍舊是一項大工程故分四階。 | 禪定為一切世出世間功德的總源頭，故稱禪定為「本禪」，此禪又分「前行」與「正禪」此四階為「禪修前行」之工程。 | 六、內攝 |
| 禪觀正行 | 禪定｛禪定發相 入定 | 入定為動詞，入定前有徵兆，稱為「定慧發相」，後有四禪八定。 | 入定發相有「八觸十功德」，後接入定過程必有師父指導，不可有五大敗筆之狀況。 | 七、禪定 |
| | 正定｛等持發相 三摩地 | 此乃出三界、了生死之本，與一般禪定不同，此屬「等持工程」。 | 「等持工程」是以禪定為基礎而行「定慧等持」。 | 八、三摩地 |

一、中印兩民族在修行上的差異一目了然，其實這也是「東山法門」失傳七、八百年的地方，阿斯坦瑜伽之所擅長，也是漢傳佛教的失傳處。而前行工程若無入手處的培訓，將無有入口可入。

二、戒、律是學佛津梁，此「發心五項」不可以五大敗筆成之。

三、每一階段皆一大工程，不可忽之。

# 華嚴禪觀一覽表

| 東山法門<br>（華嚴禪觀一乘禪法） | | | | 次第簡章 | 次第內容 |
|---|---|---|---|---|---|
| 一 | 本禪（華嚴禪觀全程） | 發心工程 | 資糧道 | 戒<br>律<br>調 身<br>調 息<br>調 心 | 須具備行者的先決性條件：<br>1. 心性三要件（第三千年史）。<br>2. 攝三要件（禪定技術面條件）。<br>3. 內觀三要件以及修行的五科（內觀技術面條件，尤其是身、息；心的標準要件）。 | 必須接受「修行資格條件」的培訓：修行功夫的五科，除技術面的激發外，傳承以及戒、律的自我檢驗培訓，最重要—即完成第三千年史的資糧道訓練，並以非大腦的八字功法兌現之。 |
| | | | | 忍（認）可 | 檢定及格，即具四天王定之條件：<br>1. 激發 2. 傳承 3. 統理大眾。 | 通過培訓檢定及格，已具備行者資格，即從忍可到認可的過程。 |
| 二 | | 禪修前行 | 檢定過程 | 起修 | 正式實驗修行，摸索進入狀況此時已入忉利定、天，入道、初果、善根成熟。 | 此為正式前行，即入地居定中之忉利天，勘驗餘震工程的的成果。 |
| | | | | 穩定 | 已入狀況，即入空居定，有四階並自第一點至第六點，此即禪修之前行心境。 | 入定徵、得定體、顯定相、起定用。導引為主要工程（相似修行）。 |
| | | | | 勝進 | 第六點滿即有變化，身心在做轉欲界入色界的準備，此有一系列變化，須在善知識會下接受指導。 | 突破工程，四大微細轉換；導引為等持工程之基，必須有善知識指導。 |
| 三 | | 正禪 | 正禪發相 | 入定發相（等持發相） | 第二次象限轉移成功完成十功德、輕安工程，善友導入神力，外道行內力法。 | 破四蘊、九根及分段生死，此皆神力行之行法。 |
| | | | | 先入定定中境中架構息身 | 初禪、初果此二道並行，故稱等持三昧行法、勝進；於定中進行內觀，養成息身即「等持發相」。 | 入色、無色界五根及變異生死（化生）。乃神力對作，非內力也！ |
| | | | 等持正行 | 定中境智為先導 / 內觀法界行 | 法身淨土 | 真 心<br>法界行 | 三界四大轉成法界五大 |
| | | | | | 法界<br>六位行法 | | 法界八根、五大轉空，空亦空 |

　　在前二頁二張表格中，皆在說明「一乘禪法」如何進行的實質性問題，這些問題正是本書特別著重闡述的主題與重點。本書既稱「禪修入門」，重點即是第一張表格「一乘禪法與阿斯坦瑜伽對照表」中的「發心工程」及「內攝工程」。

　　表中是將印度的阿斯坦瑜伽與中國的一乘禪法作對比，於對比中發現一乘禪法的「發心工程」，其實就是阿斯坦瑜伽的前行。此一前行乃是印度民族日常生活中的活動項目，這種活動項目類似中國的廣場舞之類的活動。對於這些活動，我們必須予以列項而重視之。「發心工程」中的五大項目各有所專，而非如廣場舞中的遊戲項目，故獨列一章，且此章的工程項目對於我們等非印度民族而言，正是「出離修行」的培訓要項，必須要及格方能進行禪修前行的實習。所以發心工程又稱為「禪修的資糧道」。

　　第三章的內攝工程，在阿斯坦瑜伽中，只是一個階段項目而已，但對於我們外民族而言，則必須將之具體化、標準化，否則很容易成為「五大敗筆」之流。

　　「內攝工程」中包括了四大項目，將抽象的內攝項目，逐一列出次第，可令行者按圖索驥、循序而進。故而合一稱「華嚴禪觀」。華嚴禪觀即一乘禪法，又稱「東山法門」，本書所指即是

「發心工程」中的五科及內攝工程中的四科。這與漸、頓之爭無關，發心工程為禪修之資糧道；而內攝工程為禪修前行，若無此二基礎，則不可能有入定及內觀之可言，也不可能有等持工程「一悟一切悟」的境界！

對於外民族（相對於印度本民族）的文化而言，本書第二章的內容──「發心工程」尤為重要，所以《華嚴經》中稱：「忘失菩提心，修諸善根，是為魔業。」因此須知，「發心」即是發此出三界入法界之心。既已發此修行出三界、入法界之心，則必須更重視且具備資糧道。

因此，我們常會發現，當一個行者具備了這些該有禪修資糧（注9）時，即是具備「信根」與「定位」，在修行上往往可以一路直上；而不具備這些禪修資糧的人，即便是修了幾十年的老參，對於他們而言，要斷煩惱、破無明都認為是不可能的事！且若資糧道不能具足，抑或不經系統的科班教學訓練，則對於禪修前行中「穩定」與「勝進」二個階段，必不能踏實的經歷，對於「觸功德的產生」以及「入定發相」的情況，必不能如實掌握，因此會有在修行途中，遇到不能突破或有障礙而停滯不前的瓶頸，故對禪修入門之處，行者切不可等閒視之。

注 9：資糧（梵 sambhāra），為必需品之意，意即佛法修行實踐中累積的基本工。《瑜伽師地論》卷二十九修行佛道之四種資糧：福德資糧、智慧資糧、先世資糧、現法資糧。

## 意識定是意識界的產物

其次再從當今社會上，人類生活的環境上面，看「我們」現在所處的狀況──所謂「意識定」是一人一個定，皆依妄想起定，又稱妄想定，這是輪迴的根本、六道五趣的源頭。

意識定是意識界裡的產物，在意識界裡完全是運用十二有支（又稱十二因緣，注 10）中的「名色」支中「名法」與「識集」相結合的思惟模式。此一思惟模式因脫離身體的接納與感受，直接經由「第二種識」的加工、分析、創造，因而產生脫離了身心而存在的世界，稱為「意識界」。

注 10：十二因緣也稱十二緣起支、十二有支，是釋迦牟尼佛陀自修自證得到的真理。此十二緣起支分別是：無明、行、識、名色、六入、觸、受、愛、取、有、生、老死。十二因緣法為大華嚴寺的生命學科中，研究項目之一，於生命學之領域中，海雲導師有諸多創新之理論，如：四種五蘊、生命迴路與識性迴路、生命進入身體的狀態等。

意識界是一種純虛妄的世界，故又稱為「妄想界」，此種定的產生狀態，則稱「意識定」或「妄想定」。用「妄想」一詞是具有貶義，但就存在而言，僅是區隔「存在的現象」與「妄想（意識）的想像」而已。

我們對於「意識界」與「意識定」必須有一定程度的認知，現代人由於教育的普及，在追求經濟利益以及知識經濟學的倡導之下，可以說那些已開發、高度開發地區的人，幾乎都淪為了意識界中的子民！何以這麼說呢？意識界的人，他們人生只知道追求利潤以及消費享樂，對於人生、生命、生活、人性等生命的本質，缺乏反省和認知，對於這類識性堅強的修行障礙，我們有必要重新加以認識，並引以為鑑。

意識界是一個魔性堅強的世界，之所以如此的魔性堅強，究其根本原因，是由於二重「思惟結構性病變」所造成的「社會結構性病變」。

第一重思惟結構性病變，即：

一、以經濟利益、權力權位的追求為目標（此為愛集乃至取支、有支）；

二、教育普及為動力；

三、知識經濟學的創新為引擎。

此三者結合，構成今日所有已開發經濟地區的基本結構之表象。其中魔性堅強的人，是沒有人性道德觀的，唯有經濟利益的目的，所運用的只是知識經濟學中的創新。所謂的創新即合理推理、大膽假設、全新來過。這當中完全沒有「人性的實踐考量」，有的只是大腦內識性迴路中的虛幻領域，這是「第一重思惟結構性病變」所構成的社會現象。這類人在努力奮鬥的過程中，所成就的有四個層級：入定徵、得定體、顯定相、起定用，其成就「定力」稱為「意識定」。

此「意識定」的成就，乃依於「第二重思惟結構性病變」而存在。第二重思惟結構性病變之源，來自於幻想或稱為妄想。其根源在於十二有支中對「名色支」中「名法」的病變式擴充，而無應有的約制，完全忽略「名色」支中「色法」的存在所致。

換言之，第二重思惟結構性病變結構的三個要素，可謂「以名法為動力，識集為引擎，愛集為目標」，此三要素構成了魔性堅強的結構基因。所以當今全世界之教育資源，百分之百的完全投入此種結構的領域。因此當世界所有「有成就」的人，若無有

人生、人性之覺醒，則全將淪為此種魔性堅強的魔子魔孫之流！試觀當今社會上的菁英們，何以會都是「生活白癡」？何以會都是「冷漠的人」？何以會都是「孤獨的人」？為什麼都「窮」得只剩下「事業、名位、錢」？社會頂層人士何以大多是「孤苦伶仃的人」？他們都在追求什麼？在找什麼？當生命中的源頭已經步入了歧途，怎麼有可能在枝末上找到根本呢？這個生命的源頭就是教育錯了，其所教的乃是用「名法」而非用「色法」，以其皆用「名法」之故，成就了魔性的意識界。

　　這一類的人即使想要修行，也都是在用堅強的魔性在「找什麼」，其基本的態度仍舊是「魔性的求知」，而非「人生的求道」。這種基本心態上的差異，造成了「求不得也」的下場，即使求得，也只是知識上的滿足而已，無法達到修行的「人性解脫目標」。

　　在意識界裡的這種人其實是很會用心的，但可惜的是都「錯用心」。所謂「錯用心」是指在意識界裡，以「名法」為動力，可以無限延伸，甚至於犧牲健康、家庭、子女乃至於靈性，這是因於「愛集」的強大誘因所致。這種錯用心的結果當然也會有所成就，亦有入定徵、得定體、顯定相、起定用等成就，然這種定一般稱為「邪定聚」或「邪魔外道」，這種意識定也稱為妄想定，

其本質是虛幻的，是幻上加幻、頭上安頭、認賊為父而不自知！然而入於此中之人卻都樂此不疲，如此豈非是為魔子魔孫。這與佛陀的教法相悖，**佛陀的教法首重的是「發菩提心」──即是發起人生覺悟求道之心，而不是迷戀於紅塵中求知的滿足感而已。**

　　這種思惟模式的人稱為意識界裡的意識人。換言之，具有第二重思惟結構病變的人即是意識人。意識界中的意識人，在認真工作與認真追求其社會目標的同時，亦會有意識定的產生，然此意識定屬於邪定聚、外道定的範疇，皆已墮入修行陷阱之中。此中抑或有人將此「認真」用於所謂的修行中，以求知的心態來求法修行。以其心態、人品不正故，其所修行之成果皆屬邪魔外道。即或有人格正而不收供養、不納徒弟之人，也僅能算是道德修養良好的人。關鍵在於，你有沒有遇到善友而發菩提心，只能待後世有機緣遇良師益友，正修禪法方能趣入解脫道。

　　意識界、意識人、意識定等這一類人，是求知型的人，會「知道」很多，而且高智商、高學力、很聰明，能聞一知十，往往能從網路上等種種管道，搜尋一大堆相關訊息乃至知識。這是典型的求知型的人，與求道型的行者南轅北轍。此等人「知禪」卻無法「行禪」，即便也在禪門中出入，有著世間禪學專家的地位與

頭銜；乃至混迹往來於禪門高僧之間，但於求道路上卻一無所獲。此生終了仍免不了墮入惡道輪迴之中，這種「知禪」卻無法「行禪」的人，僅僅只在數他家珍寶，非真求道之行者。

意識界中的人由於使用意識的成分太高，而忽略了身體的存在與作用，不能體會現象的存在，只用意識思惟的邏輯。這種邏輯都是突發狀態的「隨機命題」或「獨頭意識」，無有前因，只是隨機命題而生。以此標準衡量來看，那些大膽假設、創新議題、合理懷疑、邏輯推理等學術邏輯的八股論文皆屬之。這種意識的產生，都不是來自「現象界」所形成的因緣。

現象界的思惟結構，是由十二因緣中「名色支」的「色法」，經「六入」（六根）生六識而形成的「生命迴路」的思惟結構，屬於正確的結構性思惟模式。

而意識界中的思惟結構，是由「名色支」中的「名法」，直接與「識集」經「愛集」而構成「綜合法塵」的思惟結構，此種思惟結構稱為「識性迴路的結構性思惟模式」。這種識性迴路是深層的思惟結構性病變，非一般邏輯所能探究！

## 識性迴路與生命迴路圖

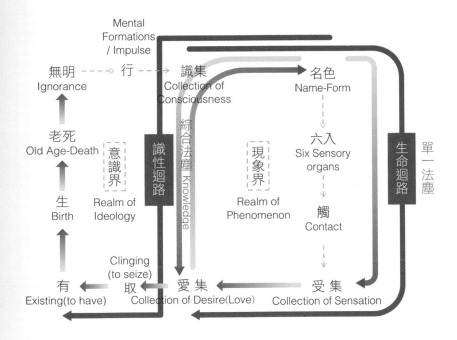

在【識性迴路與生命迴路圖】中，若是經由法塵→意根→意識，仍然是生命迴路的思惟模式，屬於現象界的範疇；若是意識界的獨頭意識、隨機命題，則走的是識性迴路，成就的是意識定而非欲界定。故意識定有無量無邊的現象，如：

- **嚴重者**：如白日夢、強迫症、躁動症、過動症、抑鬱症、自閉症、宅人族、恐懼症……等。

- **較輕者**：如畏畏縮縮、猶豫不決、不安於座、心神不寧、缺乏自信、自我感覺良好……等。

- **其他類**：如愛現、刷存在感、跟著流行走、人家說、五大敗筆、無厘頭、白目、脫窗…等，都屬於香水海陷阱的範圍。

以此估計，意識界的這類人，至少占了總人口百分之七十、八十的比例，在我們生活遭只要仔細留意，就會發現這類人比比皆是，他們看起來可能光鮮亮麗，然進一步深論人生哲學、深刻的生活體悟顯然欠缺深度思惟，缺乏「人性自然性」的靈性，或有的只是憑空而生的八股邏輯，這些人無法、也不能知道探索「生命存在的價值與意義」、「生命的存在與真相」乃至「人生奮鬥的方向與目標」這種靈性與生命的問題，只是一味的套用「識集」

的引擎，用以達到「愛集」的目標。這樣的人缺乏「人的屬性」，在人生發展的屬性上更傾向於生物原始本能的「動物屬性」。

以下略述生命在世間存在的形象，可分四相：

- **動物屬性**：生命之用，偏在眼、耳、鼻、舌、身五根中的某一部分。
- **人的屬性**：生命之用，偏在意根，故唯人有意識界。
- **植物屬性**：生命之用，偏在男根、女根、命根三根。
- **化生生命屬性**：此種生命無形象，性憨直，九根分用或單根使用。

解脫之生命，不會受眼、耳、鼻、舌、身、意、男根、女根、命根等九根之限制與束縛，而是用法界八根──四福根（信、進、念、定四根）與四慧根（慧根、已知根、當知根、具知根四根）。而色界、無色界的天人，所用者是苦、樂、憂、喜、捨等五根。此中欲界有九根，色無色界五根，法界八根，在法界中生命共有二十二根。

就「人的屬性」這類人而論，意識界中的人高達百分之

七十、八十以上的比例。但若按前述意識定中的三類人的標準來檢視，則恐怕你我也都在意識界的範圍內。但是只要你能留意這三類人或意識界人的存在，「留意」就是覺知，這種覺知的能力，對於意識界人而言，猶如茫茫大海中的一盞明燈，可以引導意識界中的人漸次脫離意識界，進而到達現象界的領域。

## 修行的陷阱

意識界中的人，我們統稱（歸納為）修行陷阱中的人，或許他們自己並不認為自己是修行人，若是從「人的屬性」的立場來看，凡是「人」用意識而活著的人（百分之百）都在找尋人性、人生、生命與生活的標。在此一前提下，一切的行為、活動都在修行的定義範圍之中。只是所用的素材、語言、思惟、行為等模式不同而已！因此他們所產生的習俗、文化、信仰及其活動與方法，就有很大的差別，如是而已！修行並不奇特，只是人生的活動而已！但是這個活動的結果如何？卻是一片茫然。

## 修行陷阱圖

1.Three virtues of heavenly king天王三德（the DNA of Dharmabody法身DNA）：
　a.Stand up for Dharm護法（the world of Enlightenment智正覺世間）
　b.Stand up for world護世（the world of Physical Universe器世間）
　c.Stand up for living beings護生（the world of Sentient Beings眷屬世間）

2.Ten types of glorying輕安十態即指十功德：
　empty, bright, stable, wise空、明、定、慧（智）
　kind, moderate, joyful, pleased善心、柔軟、喜、樂
　liberative, dreams come true解脱、境界相應

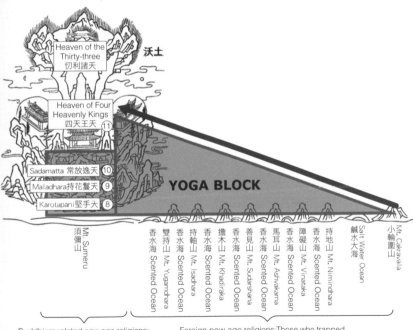

Buddhism related new age religions:
Those who trapped in
this block mistake glorying for nirvana
本地新興宗教：墮此皆因誤認輕為解脱致之

Foreign new age religions:Those who trapped
in this block won't progress in the spiritual doing
外來新興宗教：墮此皆不知超越也

# 傳統三界諸天圖

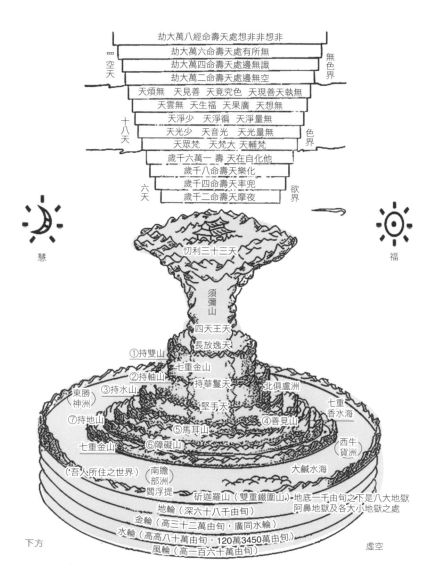

# 華嚴三界諸天圖

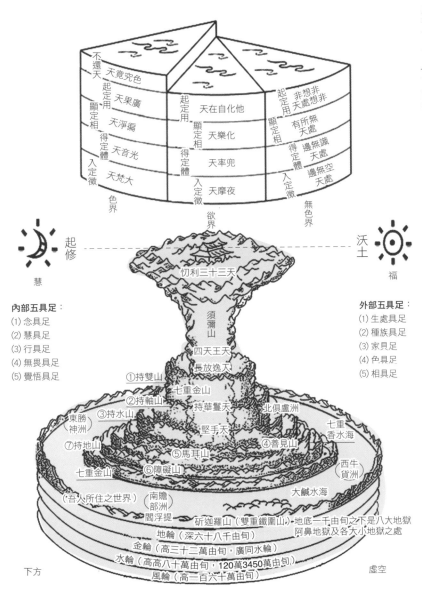

色界：
不還天　起定用　顯定相　得定體　入定徵
天竟究色　天果廣　天淨徧　天音光　天梵大

欲界：
起定用　顯定相　得定體　入定徵
天在自化他　天樂化　天率兜　天摩夜

無色界：
起定用　顯定相　得定體　入定徵
非想非天處想非　有所無天處　邊無識天處　邊無空天處

起修　　沃土
慧　　　福

切利三十三天
須彌山
四天王天
長放逸天

內部五具足：
(1) 念具足
(2) 慧具足
(3) 行具足
(4) 無畏具足
(5) 覺悟具足

外部五具足：
(1) 生處具足
(2) 種族具足
(3) 家具足
(4) 色具足
(5) 相具足

①持雙山
七重金山
②持軸山
持華鬘天
③持水山
東勝神洲
堅手天
北俱盧洲
⑦持地山
七重香水海
⑤馬耳山
④善見山
七重金山
⑥障礙山
西牛貨洲
（吾人所住之世界）（南贍部洲）閻浮提
大鹹水海
斫迦羅山（雙重鐵圍山）地底一千由旬之下是八大地獄
阿鼻地獄及各大小地獄之處
地輪（深六十八千由旬）
金輪（高三十二萬由旬，廣同水輪）
水輪（高高八十萬由旬，120萬3450萬由旬）
風輪（高一百六十萬由旬）

下方　　虛空

P51【修行陷阱圖】，概括了整個意識界的修行陷阱，此圖包括了欲界中現象界與意識界的全部人類，但若只從意識界來看，則意識界裡的人有百分之九十八以上，都落在修行陷阱之中。由於落入了修行陷阱，所以生生世世輪迴不息，這是意識界生命狀態的真實寫照。**欲界包括了「意識界」與「現象界」。而現象界中又有欲界、色界、無色界。修行是要從意識界轉入現象界後；再從欲界再轉入色界，這是修行的第一個坎。**

直到轉入色界才開始起修（從入定發相起）稱為「正禪」，而在此之前屬於「禪修前行」，前行尚有「發心工程」。發心工程完成，才算具備了行者的資格，若不具此資格，則前行尚不可得，何有「正禪」可言。

也就是說，在欲界中有「現象界」與「意識界」的差別，而現象界中又有欲界等三界之別，行者對此必須確實分清，否則一不留心就落入修行陷阱之中而無法「出離」。出離是積極向上提升，更接近真理的過程！

此【修行陷阱圖】是由須彌山與輪圍山之間的環境所構成，在須彌山與小輪圍山之間，存在著七重金山、七重香水海，不論是金山或者香水海，名稱都很迷人，也喻意著意識界的人都會深

深著迷乃至是迷戀不捨的誘因。意識界中人於此中浮沉者無法估量，其中「七」表「窮盡數」之意──窮盡意識界中的各項誘因之數，此數會隨著時空的不同而有種種差別。須彌山是指「我執、我見」高超，無法以意志之心逾越之意。用此以來比喻意識界的存在、我執、我見難以破除；而能登上須彌山，是乃意識界人的福報成就，比起香水海中之浮沉，其福報已經大多了。

香水海有種類之別，無高下之分，但有浮沉二類，浮者稱金山，如順境、舒服、樂受等；沉者稱香水海，如逆境、逼迫、苦受等，但又樂於敘述此苦，故稱香水海。

須彌山又分三階：山頂、山腰、山麓，故有高下之分，山麓有多「天」，可統稱為「宗教三天」，概取其三用以說明，幾乎所有宗教裡皆存在此三天的現象，差別只在於佛教裡講得最清楚明白，因此也可稱為佛教三天。山腰有四天王天，山頂有三十三天（統稱忉利天）。須彌山的一切構造，都在意識界裡，由意識定所成就。

歷史上有人將山腰與山頂歸入欲界定而稱「欲界六天」。其實不應如此，實際上四天王定與忉利定都屬於地居定在地居天，與空居定大不相同，且空居天業已超日、月，在須彌山之上，已

不屬於須彌山的範圍之內了。然而「欲界四依定」（欲界四種定仍依於七情五欲），其雖未入禪定之範疇，但可直接由此「象限轉移」加功用行，較容易直接經由「勝進」而入四禪定，此乃空居定之專擅，地居定不具此格。又，地居定仍依妄想生，天王三德雖然純善，但仍在地居天的沃土培訓、滋養之中，菩提苗芽尚未熟也！是以意識定的地居定仍在妄想的範圍，其與欲界定之空居定有本質上的差異。所以意識界是指在須彌山的範圍之內，而欲界定的空居定則已離開須彌山。如是劃分現象界與意識界，則一目瞭然。

「得什麼定，即生活在什麼天。」一切定皆如是。從實際的定義上言，意識界不能稱之為「定」，但若從廣義角度來看，意識界裡亦有四個層次的定：「入意識定徵、得意識定體、顯意識定相、起意識定用。」其中，無定者在香水海，若合其為「入定徵」（屬意識界之根本狀態），即人生無定位，不能堅持白業、善業；得散定者活在宗教三天，若合其為「得定體」（屬意識界之小康狀態），即人生稍有方向並能堅持，而未知人生全貌；得意識界善根者即擁有天王三德（意識界中具護法、護生、護世之心），其人生積極向善，不涉惡業、黑業，若合其為「顯定相」（意識界能入白業狀態，而不再浮沉於香水海中）；得意識界無染者即

能起定用，其人已得忉利定、升忉利天，此乃真淡泊世間誘因而成菩提沃土，滋養菩提種苗也。

　　此四重科判不是人為的有意劃分，而是真實的情況如此。此意識界若合而為四，亦可稱意識定。如①入意識定徵、②得意識定體、③顯意識定相、④起意識定用，雖皆屬地居地範圍之內，也可以稱為意識定。雖然歷史上並無此說，但此種劃分說明有利於釐清與提醒。初涉禪修者於前行未通透前，切勿將意識定中樂境、順境的舒服坑，自以為禪定境界或禪修成就。即便到了欲界定亦然，此中順境、樂境等軟賊，是盜我菩提心之惡魔，行者務必時時儆策之！

# 第 2 章

# 發心工程

「人生」的過程是一連串的生活所串成，在這成串的生活中，「你」或「我」看得到嗎？看得到的就將這串生活的歷程稱為「人生」。在「你」、「我」的人生中，對這連串生活中的某一標的，若想探討其「為何」？「如何」？……等等，乃至於想要進一步了解「其所以」，則需要有一整套的過程。這個道理不只包含紅塵中的萬事萬物，也包括追求那虛無縹渺、玄之又玄的神祕事物！而今談到「禪」，你我又是如何看待這個「禪」的呢？！

一者、禪是什麼？你或我知道嗎？

二者、進一步而言，「禪」這東西我要不要？

若不要，那麼則一切皆了！

三者、若要！那需要具備哪些資格與條件才能得到？

四者、若決定要！那麼如何去具備這些資格與條件的過程，就稱為「發心」，乃至具體的行動方案即名之為「發心工程」！

所謂「發心」就是「發願」，發願「禪修」是志在追求解脫的目標。這種發願要到達最終「究竟涅槃」的願，就是「發阿耨多羅三藐三菩提」之心。在發了這個終極目標的願以後，接下來的問題就是：

要「達標」之前的準備工作有哪些？也就是有哪些必備的條件、資格需要事先準備，這是修行者必備的「先決性條件」，而如何去具備這些條件的一切作為，就是「發心工程」。

換言之，發心工程是基於修行的目標，去籌備一切資糧道的活動，而資糧道的籌備有兩方面：工程面與技術面。（詳請參見第 38 頁【華嚴禪觀一覽表】）。禪修是生命改造工程的主軸，因此在進行此一工程前，如何將身心安頓好，以令專心辦道，此一安頓身心的前置作業，就是「發心工程」。誠如古德所言「身安道隆」，此種「將身心交與常住，把性命託付龍天」的前置作業即是「發心工程」。

發心工程按表列共有七個項目，分為兩個層面，統歸為三要件。七個項目分別為：「**戒、律、調身、調息、調心、忍（認）可、起修**」；兩個層面即「工程面」與「技術面」，技術面又分有「內攝工程」及「內觀工程」。

發心工程既可以①從七個項目而言；②也可以從工程面與技術面兩層面而論；③亦可以從「禪修三要件」的角度來。

本書的重點是以禪修的「資糧三要件」為標的做中軸線而闡

述，這個切入面較容易為讀者所接受，以下分述之：

第一、七個項目的教學法是禪堂教學中的具體項目；

第二、兩層面中的工程面與技術面為概念式的表達，對於老參們而言可以較容易瞭解，但於禪門新秀們則恐怕不易體會；

第三、禪修的「資糧三要件」（亦可簡稱「禪修三要件」或「行者三要件」、「心法三要件」），包含：心性要件，其檢視標準條件有三：①轉「識性迴路的思惟模式」為「生命迴路的思惟模式」。②轉「意識界的生命」入「現象界的生命」。③轉「求知型的人生態度」成「求道型的人生態度」。此三項標準，從本質上言其實是一，轉一則三者皆成就。

## 內攝要件

而內攝要件，又稱為「禪定要件」或「入定要件」。內攝為動詞，禪定為名詞，內攝為入定的方法，禪定為入定的狀態。內攝的檢視標準條件有三：

• **調身**。在調身方面，有些人有先天的優勢，諸如本已身輕如燕、調柔輕盈、雙盤無差。但身安就坐本就是必備之條件，否

則即應調柔身體。

•**調息**。氣順息長、四段呼吸。若呼吸方法錯誤，必有伴隨之隱疾，於禪修中多有障礙，故必須調順「息」的狀態。

•**調心**。心情寧靜、情緒無波、怡和祥悅，是心調的標準。在調心方面，有一些人可能具有先天性的優勢，此為上根器者，調身、調息中亦有些上根器者。

## 內觀要件

至於內觀要件，又稱「般若要件」、「開悟要件」。內觀為動詞，般若為名詞。內觀為開悟或開智慧的方法，般若為開悟後的狀態，其檢視標準亦有三：

一、**戒與律**。「戒」乃端正自己的身、息、心、靈之總稱；「律」則是人與人、人與自然間和諧、永續的圓融之道。這是從健全人格性到止於至善的必要條件，切不可疏忽，否則障礙無限。

二、**善思惟用心**。「思惟」是指處事的順暢實踐與兌現；「用心」是指對眼前所面對的陌生狀況，勇於承擔並解決，以兌現在

生活中，使生活中方方面面得以順暢。若將之導向心性上的無礙，即是「善」。這是心法修行的核心，若不具備此一條件，則人生中一切所行皆是修養而非修行。善思惟用心更是引發「其心在緣」的楔子。

　　三、其心在緣。其心在緣是指「心」能緣「真心」而行，不以意識為動力，此乃「心行於法界」的狀態，亦是經書中所言「不可思議」的領域。此乃佛陀解脫之祕訣，欲真修行求解脫之行者尤須熟記，此祕訣對於紅塵中人而言，無以知之、亦無以用之！這個祕訣也是內觀的軌道，若無此軌道，一切內觀不可行也；是故，若沒有「其心在緣」的能力，則亦沒有「等持工程」之可言。

　　「心」緣「真心」，這是「禪修」中的祕訣。「心」是指「做意的求道心」。真心是「真如的活動本質」，「心」所具備的求道資糧，猶如八味藥的藥材；而進入「定中境」的「息身」養成中，則如將藥材熬成藥，才可發揮藥的效果，熬成的藥即是「般若」，是「根本智」，所喝藥的藥效起用，即是「妙智慧」，是為「後得智」，此中詳細於此不贅言，另書介紹。

# | 心性要件 |

本書先介紹禪修所應具備的資格與條件，也就是發心工程中的「資糧三要件」。

心性要件也可稱為「人性要件」、「靈性要件」或「心法要件」。這一部分是生命成熟度的指數，生命的成熟度是屬於「生命學」研究探討的範圍，此處不作深論。成熟度可略分一級到四級，到達第四級才能稱為接近成熟。因此，心性要件中所檢視的三個標準，某些人是已經具備的，有些人則尚未能夠具備，條件的具備與否，並不是經過幾次的培訓就可以改造完成的，雖然有培訓的捷徑可循，卻也不是學習一、二個訣竅就可速成、可以達成通過的標準。此三標準是檢驗的三個切入面。

心性要件是「人生命的本質條件」，或許有人會說這是「先天性條件」；也許有人會說人人平等，不應該有分別；又或許還有各種不同的百千種說法，這些都屬於「知識層面」上的合理假設，是意識形態等知識類的假說。而此處所言者乃是「生命的本質」，並不是大腦活動的知識類假說。這是「真如」之言，而非「假如」之說。按前述生命的成熟度分有四級。唯有達到第四級接近成熟的狀況，才可能論及「心性要件」。心性要件可以從三個向度來探討，這三個向度是檢視的標準，也是心性要件中的三項條件，而此三其實是一非三。

## 心性要件三向度

一、**思惟模式**：轉回生命迴路思惟模式的人生／斷除識性迴路思惟模式的人生。

二、**生活模式**：活在現象界的生活模式／斷離意識界的生活模式。

三、**人生態度**：具備求道型的人生態度／泯除求知型的人生態度。

　　心性要件是禪修的先決性條件，這是由於禪修乃是一項「生命改造」的工程，因此必須具備生命改造工程的生命狀態，才可能進一步進入生命改造的進程。其前提性是生命學中生命的覺醒進入身體後，一連串的「下迴向」以至今日的意識界狀態，因此才產生了修行求道的意念，那股意念猶如「想回家」般渴望的潛意識現象。故，除非真具備了「回家」──返回生命故鄉的各項資格與條件，否則是不可能踏上回家的路途！「想回家」，則「上路」是第一要件。而此心性要件則是具備了「上道」、「入流」與「上路」等先決性條件。

　　所以「心性要件」是需要具備的，不是可以學習而得的。雖然也有一些高明的訣竅可以培訓學習，要走這個捷徑必須要在善

知識的指導之下，並且要有絕對堅強的意志力，方有可能跨越此
一門檻。世間上有許多人，天生就具備了這樣的心性條件，但卻
又沒有機緣接受靈性教育的系統性科班訓練，這是生命本質的層
次與機緣之故，這類問題乃屬「生命學」的範疇，此暫不論。

　　由於禪修（或稱禪法）有這樣的一道門檻，在不能跨越的前
提下，就產生了相對的「平行禪」，也是當今社會「禪文化」的
一種現象，許多專長於「論禪」的名嘴、名師，他們所談的幾乎
都是想當然耳、自我解讀的禪，乍聽之下，彷彿都是高大上的禪
之理念、禪之境界乃至究竟空、無無明等知識概念，但若觸及禪
修的實踐面或如何破無明、如何達到第一義空？如何修行？如何
按階次入道等等實踐層面的問題，這些「名嘴禪」都難以深刻論
述，他們所談的都僅只是「道德禪」、「修養禪」，這些都不是
修行，與禪修的實踐與實修無關。所以，「修養」與「修行」是
截然不同的。「華嚴禪觀」的指導，走的是修行的路線，與坊間
修養禪無法相提並論！

## 修行是指絕對善的解脫

修行是指絕對善的解脫 —「一路涅槃門，歸元無二路」，與一般所認知的八萬四千法門之相對善是不同的，八萬四千法門是「學佛的攝受門」，不是修行中「心法的解脫門」。

在現今魔性堅強的時代裡，意識壁壘對立、識性迴路堅固、求知目的明確，對於身體與現象界的存在，缺乏身與心的連結性，我稱之為大腦識性的「知識經濟學時代」；而禪修所追求的是另一種人生態度，稱之為「靈性經濟學時代」。這是二種完全不同的人生態度，必須要從知識情況轉換成為靈性的層面，禪修才有可能。這種轉換若是成功，即可稱為「入流向」或「預為入道」，這是入菩提道的徵兆與指標。

禪修是不可以用大腦的，用大腦是則落入了「識性迴路」的領域裡。而「求知型」的人生態度，正是典型「知識經濟的模式」，是在「識性迴路作用」與「求知型的思惟模式」的作用之下，所以是不可能成就的。「修行不可以用大腦」就是指這個！此前所述心性要件的三個向度，三者實則是一，也是這個道理。換言之，以心性要件的三個向度而言，所用若是知識性的「妄心」，無疑是「以妄成妄，欲以妄求真，無有是處！」所以，此心性要件也

稱為先決性條件，無此先決性的前提，只是緣木求魚，根本不可能。

若從第二層「工程面」與「技術面」的劃分來看，先決性條件是屬於工程面的部分，要具備這些條件自有一套完整的大工程要進行，不是簡單的技術、技巧之類的學習就可以的。有關工程面的部分，一般多在法堂中講述與指導，是長時期的積累，並落實於人生態度與日常生活的方方面面，在禪堂中是不做這類指導的，禪堂中唯有當下的實踐與實修！

# | 內攝要件 |

內攝要件又可稱為「禪定要件」。「內攝」一詞是動詞，即入定的必要條件。更明確的說，「內攝工程」是有一定的工程須要進行與經營的，並不是簡單個別的零件的拼湊即可；又別稱為「禪定要件」者，乃是指達到禪定之目標前，所應經歷的過程或應具備的資格與條件。

由於本書「禪修入門」是修行最前期的準備階段，是為「內攝要件」或「禪定要件」。稱為「要件」者，是因為偏向於基礎性功能的聚集。自「禪修前行」（第二階段的指導）以後，則稱為「內攝工程」或「禪定工程」，這才是實際的操作、演練與實踐，而在實踐中則必有其兌現之成果。

所以，禪修只要有修，就一定有成果。如佛陀之言示：修到什麼定（定靜慮），必然生到而什麼天（生靜慮）。一個人若是尚未受過這些資格條件的培訓，就不要動不動就談有怎麼樣的境界！若真是修行而有什麼成就，就先看看自己的生活中有那些變化，如：煩惱少了、不再計較了、家庭和睦了、與人相處融洽了、看得開了、心中牽掛少了、心境輕鬆了等等，是否具備了全方位「天」的生活環境，不是腦子裡所妄想的美好幻境！那就失了真修的要旨，要知，能如是看待自己，才是活在「現象界」裡。

活在現象界裡的生活是不用大腦的「名法」，用的是大腦的「色法」。我們所講的「不用大腦」是指不用大腦的名法，要如何不用「名法」而用「色法」呢？這就有內攝工程才能做到，而內攝工程必須具備「調身→身調」、「調息→息調」以及「調心→心調」三項條件，於此先就此三項條件總說其背景，再一一分別說明。

首先，有關修行條件的認知，應分兩方面理解：

**第一、有關每個人「生命本質」之認知。**對生命本質的認知是屬於「生命學」的領域。生命學裡有對於「生命史」的探討，生命史的內容對於生命本質的層次、內涵皆有所探討。由此來認知自己所處的位置與層次，方能正視自己的人生，從而積極進行生命的改造。至於能否冷靜、客觀的確認，則另有實務層面上不同的因緣組合。

**第二、有關社會族群中的成分結構。**此時觀察社會群眾的結構，這是一種客觀的立場，每一分子的等級、層次、種類、性向皆不盡相同，不能一概而論。因此在要求修行條件與資格時的培訓，立足點自然也有所不同。至於是否每人都必須按部就班的來，就不一定了！但從頭開始是必須的，善根資質俱佳的人，在善知

識的認可下是可以跳級的。我們遇到很多知識層級的菁英們，多半以為自己深具高深資質。這是一種自我感覺良好的假象，不可取也，更非行者本色，尤其就心性條件上言，更不宜有此等心態！

於此應知，一個人在生命史上的位置，確定了他的生命本質，隨著時空的推移，何時能提升生命本質，使到達禪修的水平，乃是各人的因緣與福德。但就群眾總體而言，既然選擇修禪一途，則一切必須重新勘定。每個人的生命水平有所不同，人與人之間參差不齊，因而會有各種不同的狀況產生。然而，在科班的教學系統中，必須是系統、完整的教學。大眾或有資質優異者，自可迅速透過此一關鍵，但仍必須慎重勘驗「定靜慮」與「生靜慮」間的對稱是否相當。

接下來我們繼續詳述⊙「內攝工程」的三項條件：

**內攝工程第一要件：調身→身調（調身工程）**

**內攝工程第二要件：調息→息調（調息工程）**

**內攝工程第三要件：調心→心調（調心工程）**

# 內攝工程第一要件：調身→身調（調身工程）

調身又稱「生命載體調整術」；印度人稱 Asana，現代人翻譯為體位法。身體是生命載體，對此生命載體的調整使其達到健康，堪用於禪修的標準，故稱為調身。

「調身」是一種過程，而「身調」是一種狀態。所以調身也是一套工程，指導禪修入門（第一階段）的禪堂，稱此調身之法為「動起來」。**動起來的標準是要動到「激發身體的本能」使之恢復**，意即能讓身體恢復到嬰兒時期的狀態！

「動起來」是禪修的源頭，雖不是「正禪」的主體，卻是進入正禪的初始源頭。動起來的階段若是不正確，在禪修的過程中會有很多身心的障礙，有很多「一心向道」的人，畢生都在努力克服萬難，其最終為何皆以無奈告終？其根本原因是從一開始就未將內在的根本障礙排除，所以終其一生其修行都為身、心障礙所牽纏，而致無奈告終！

**動起來有二個條件，即工程面的「心性條件」與技術面的「煖身二法」**，這二部分的條件必須同時具足，方能通過具格檢測。若是工程面的條件不足，而只有技術面的話，雖然不能成為具格

行者，但對於世間一般人的身體健康而言，還是很有幫助的。若唯有技術面，則只能稱為運動員、瑜伽師或武術師。此技術面是具格檢測中諸多條件、項目之一，對於行者在身、息、心上的調整，有絕對的效果。所以在華嚴禪堂的科班訓練中，將其列為必要條件之一。以此之故，此技術面就成了「禪修前行的資糧道」。換言之，透過煖身二法達成「動起來」的階段，是一切行法的共同第一必修科。

煖身二法是指「生命載體調整術」以及「生命導引術」。生命導引術是針對調息的部分（詳見後文）。而動起來的部分主要是生命載體調整術，此法是以「八字功法」來帶動完成的，此動起來的工程也必須從「調身的認知面」與「調身實踐的技術性」二方面來談，有了正確的認知，才能明確的實踐到位，茲分別說明之：

### 調身的認知面

禪修前的「調身」在傳統中早已有之。今以「調身」之「身」乃是活體（活體與屍體之別，在於活體為生命之載體），故稱為「生命載體」。又以「調身」一詞而言，若是不知如何調？則「調

身」僅僅是一個名詞而已，稱為「調整術」，意即調身是一項「工程」，並非僅僅是概念或名詞而已，而是一套必須踏實實踐，且實踐到兌現「象限轉移」的目標為止的工程。

「生命載體調整術」是指對身體的調整工程，這是筆者在長期的實踐與教學的過程中，幸得普賢菩薩的示現指點，總結「中、印」傳統之調身法，融匯而成的一套調身系統工程。這一套調身系統工程，若要以運動工程稱之也無不可，但「運動」一詞乃是現代西方的定義，現代我們所看到西方之類的運動，非常容易產生運動傷害以及副作用；而「生命載體調整術」則不然，華嚴的這一套調整術，可使「身體」恢復自身的本能，調整生命的載體無須藉助於外力，這與西方機械式的運動有明顯的不同。「生命載體調整術」與一般的運動相比，有幾項的特質：

① 生命載體調整術中，**隨意肌的運動必須縱橫兼顧，不可單向活動太久**。（如慢跑、騎車等多為機械式的單向運動）。

② 運動必須「用力」。行者須要去摸索：**力量是什麼？力量在哪裡？如何用力？你的用力對嗎？用力不能過度。**

③ 不隨意肌的運動。行者要去摸索──**如何內動？如何引發內熱？如何產生身體的本能動？**

④ 此調整術透過禪堂中的專業指導，可以達到激發進而產生不可思議的效果，行者在家及生活中亦可每日多次練習，唯**每次練習時間不可超過十五分鐘**（以在家中缺乏臨場之指導故），且每種動作必須前、後、左、右均衡。

⑤ 行者在激發之後，**有餘震現象產生者，必須與指導師或單位取得聯繫**，取得進一步的指導。

⑥ 這一套「生命載體調整術」不用醫也不用藥，而是**透過激發，運用身體的本能調整自身**，自然而能產生療癒的作用。

⑦ **生命載體調整術乃是修行前的方便培訓，其目的在於調**理行者之色身，使之到達堪用而可修行，其目的並非為了治病或療癒，千萬不要弄錯了！

「生命載體調整術」揉合了「古今、中印」的各種功法，此中以「易筋經、洗髓經」的理念為基礎，並融合了道家的內丹功、外丹功、太極、氣功等調身的各家精髓於其中，乃至印度的體位法也包括其中，這一套融匯古今中印的調整術。在華嚴禪堂裡稱為「華嚴八字功法」，亦可稱「淨化禪」。「生命載體調整術」的目的在於「調身」，其作用雖可及於調息與調心，但要到達調

息與調心的程度，則必須有工程面的配合才有可能。

第一次象限轉移的成果，簡單的講就是能夠「不用大腦」了，不用大腦有三種向度：

第一是轉「**意識界**」到「**現象界**」；

第二是「**識性迴路**」轉成「**生命迴路**」；

第三是泯除「**求知型心態**」，轉回「**求道型心態**」。

不用大腦的結果，可以使得身、息、心得到同步調整。這裡所講的「不用大腦」是不可能、也無法用大腦去想辦法，以達到「不用大腦」的目的。所以在進行「生命載體調整術」的過程中，絕對忌諱大腦的介入。大腦是生命進入身體的首站（或稱媒介），其中生命、身體與大腦之間的關係是生命學的領域，本文暫且不論，此處僅就生命載體調整術中，與生命學相關部分做簡要的說明：

生命進入大腦以後才進入身體，而生命進入身體有二個方向：第一是大腦經脊椎的活動，屬於五臟六腑中的不隨意肌系統。這個部分大腦不能指揮，只能間接影響。第二是大腦經風池穴下，

交感、副交感神經系統所控制的隨意肌系統，此一部分大腦直接控制。「生命載體調整術」是由不隨意肌著手，重點在「內動」與「用力」，在「生命載體調整術」裡，對於隨意肌的調整雖然不是主要的項目，但可以起到輔助功能，所以也不能忽略。就「生命載體調整術」整體運作而言，他是既要用力也要能夠放鬆，並且是以內動（臟腑運動）為主。其用力是「用力到體腔內臟」為主。

生命載體可以分隨意肌與不隨意肌兩部分，調整術也相應於此分有：

## ① 隨意肌的拉筋、鬆、揉等作意運動

其目的是在揉轉僵化、僵硬的肌束，乃至沾黏的肌肉，不是在鍛練肌肉。當隨意肌軟化之後，同時有助於呼吸的順暢與正常化。這與當前社會上所流行的健身房等西方式的運動有明顯的不同。此乃屬於「易筋經」的部分。

## ② 不隨意肌的搓與揉

此猶如伸展之用力，伸展是一種靜態的捏，這種捏是一種一

次性的動。在「八字功法」中捏與揉併用，就成為連續性的內在揉動活動，這其實是一種揉、捏內臟的連續運動，這種連續的內在揉動從外表上看起來，類似於「８」或「∞」字形」的揉動，在華嚴禪堂裡稱之「八字功法」。

若以具體的形象來形容，則猶如手握麵糰，五指同時用力抓時，此抓力叫「捏」，這是一種靜態的狀態；而當五個指頭一一逐漸用力、交互運作，使之力量發揮在麵糰內部以產生作用，此種運作即是「揉」，揉是一種動態的連續動作。透過此一連續動作的運作，四肢的隨意肌會產生相應的融合活動，這般內（洗髓經）、外（易筋經）兩種活動相應配合，並以**「內動」帶動「外動」的連續活動方式，即是華嚴八字功法的核心與精髓**。在八字功法中，外在的拉筋等動的功能，即是「易筋經」，有易筋之效；而揉動身體內部五臟六腑的運動，即是「洗髓經」，有洗髓之功，透過內臟的揉動，可以改變其原本受制於自律神經的作用。換言之，「八字功法」就是調整生命載體的調整術，此中不用醫、也不用藥，透過揉捏內臟的過程，令身體四大恢復，進而喚醒身體的本能，自然而然就能達到健康的效果。

**調身實踐的技術性操作**

　　首先從站樁開始。立姿站樁，可以隨意肌的角度，使載體呈
「乙」字狀。重點在腳踝、膝蓋、髖骨的角度掌握，並保持全身
良好的彈性。其次是用力揉動內臟，此稱「內動」，在內動之時
身體軀幹及四肢會配合微微而動。且此種動，從外相看來有反覆
畫圈的情形，有如「∞」或「8」字型，所以稱「八字功法」。
此時的不隨意肌是被八字形揉動而帶動的。且身體中的一些定點
會有痠疼反應，會成為自主帶動身體回動的主軸。如是專注於自
身的感受，揉動身體並隨身體的感受的反應而動。如是持續，則
會由「內動」而產生「熱」，進而由內熱而進入到「醞釀」階段。
至此若能再加把勁持續用功，這時只要不被身體本能的反應「嚇
回來」，例如有人會流口水、體溫變高等等；或者被大腦「理性
介入」，則可由此引發身體的「本能動」；與此同時，大腦的識
性也會進入延遲或停滯的狀態（此即不用大腦、不用識性的狀
態）。此時的行者若能用心得力，則依其資質不同而有相應層次
的五種反應：

　　**宣洩 → 療癒 → 清理 → 矯正 → 淨化**

　　這五種層面的反應，每個人都不盡相同，其後則有各種不同

反應的「餘震現象」。前述的這些過程，必須要在正規的禪堂中與科班的教學指導下進行，不可擅自為之，以免有突發狀況而不知所措，因而錯入冤枉路。此中行者的用功若是正確得力，則必有如下之成果：

第一、**心性的改變**。達到心性條件的三個檢視標準，會有一定程度的改變與提升。

第二、**身、息、心的變化**。

> **身體調柔**：可身安入坐、健康大幅改善，筋骨肌肉鬆軟的變化甚大。

> **息順和調**：息長而穩、四段呼吸法穩定而能正確的呼吸，肺部、顱腔廢氣得以清除，肩頸、胸、背部等的壓力得以解除。

> **心情鬆穩**：寧靜祥和、心安而不慌亂、已會改用另一種人生態度，不再急躁或茫然。

第三、**其心在緣**。不會心不在焉，能夠守記內心、清清楚楚、歷歷在目，於六根所對之境界明白了知，不會活在遐想的白日夢當中。這是由於調心的效果所產生的效用，對於「內觀條件」中的三項檢視標準，也會有一

定程度的改變與提升。

透過這套功法能夠產生調身、調息、調心的三重效果，其最重要的關鍵乃是「用力於體腔之內」，這部分稱為「內動」；「內動」若是正確，則約在三分鐘之內可以產生內熱，五到十分鐘之間會產生一種醞釀情況，這是練習者才能感受到的身體覺受。當醞釀的情況產生時，練習者千萬不要被這種前所未有的經驗給嚇回來，也不可以讓大腦的理性介入，或因好奇想看個明白，唯是持續專注的練習。大約再經過十五分鐘左右，身體就會有本能動的感覺，這時若是在沒有被暗示的前提下，可以迅速激發進入瞬間定。這個過程的重點在於：

第一：「用力」。

第二：用力到體腔內稱為「內動」。

第三：產生醞釀狀況時：①不要恐慌被嚇回來。②不要因為好奇想要仔細看清楚。

第四：老師的教導，必須專注進去並持續練習，不要被暗示：

① 必須專注進去，猶如下坡開車時，依然繼續使用正常的檔速、加油前進，是為依教奉行。並無省略而用空檔滑行，如是進入「瞬間定」，是為不

被暗示。此時調身、調息、調心一次完成。

② 被暗示進入者的情況，猶如下坡時，老師說這樣進去就對了，所以你就空檔潛行進入，是為「被暗示」。此一過程「法身」、「息身」皆空白了！雖身體有益健康，但心性卻未改變！

這四個重點若要詳細展開來，就是一部「生命學」，今僅略述與此激發有關的部分：

## 1、用力

力是指力量，然力量是什麼？力量存在哪裡？如何用力？

如是用力對嗎？這是玄學嗎？不！這是活生生、無所不在的日常生活，但我們卻完全忽略了！這輩子豈不是白活了嗎？**力量不在身體裡面，力量是生命的作用，只有生命可以運用力量，**所以當生命離開身體的時候，身體只是屍體，只有重量而沒有力量！而生命的力量是生命作用中的一相，並不是生命的本身。

生命的本身叫「Pran」（注11）或稱「神力」，而力量是由Pran中的內力所運用，即在修行中運用內力而生的種種神通變化。

教內一般稱為「外道」，即指修行修到內力上面去了。而佛法中所修者，是直入神力的範圍。但此處所講的內力是指將力量用到體腔內，令此力量揉動內臟，清理、排毒及淨化身心靈，此一淨化身心的過程，是共外道的養生法，是生活中的養生層面，雖然尚未進入修行的領域，這是作意修行中必經的一課。身、心、靈若未得淨化，如何談修行呢？

「用力」包含兩個面向：心力與體力。「心力」是修福造業的本源，「凡夫用心力」多在造口業，如抱怨、數落人家、是非、計較、嫉妒、愛現、語言暴力、輿論等等皆屬之。「少心人之心力」多用在家庭幸福、個人工作、行為、創作等幸福的範圍中。「一心人之心力」則用在事業上，如：創新、突破、經營、統理大眾、沉思、專注目標上等。

「體力」是身體直接的表現，如：勞動、運動、練功等。從生命載體調整術言，也是直接從體力入手，若行者用力正確的話，那麼運用內力指揮體力，直接清理內臟及體內一切雜質，則身體的清理淨化可畢其功於一役；若同時運用內力指揮心力，亦可導引心力直皆由凡夫的妄心、「多心」而超越「少心」進入「一心」，並激發出天王三德而生護法、護世、護生之心，這才是正確的用力之道。

注 11：Pran 是一種力量，從力量、到心力、到真如，都叫 Pran，所以稱 Pran 就是生命，它是永恆的。具體的說 Pran 包括四種動能：體力、心力、內力、神力。就此四種動能而言，究竟的神力才是真正的 Pran，約此而言，稱 Pran 指的就是真如、生命、或者神力。

## 2、用力入體腔

用力入體腔，是身體本能對身體的保護機制。更明確的說是生命本能（神力）對身體活體的本然機制。此一機制是身體內部運作中的免疫功能，也就是對身體體內的雜質產生排毒及清理的作用。在原始或農業的生活狀態中，食物的本身是無污染的，有的只是陰陽調配失衡的問題，或五行：水、火、溫、熱不均的問題。所以想要清理、排毒都須運用內力以去除之！而農業社會中的勞力工作，幾乎都有這些功能，故多能長壽、健康，其關鍵不在於吃什麼、或不可以吃什麼？而是如何排毒或清理，所以我們可以發現，長壽之人大多是勞動階級。

用力入體腔簡稱：「內力運動」或「體力勞動」，這種運動方式，除了對身體有清理及排毒作用之外，對於身體中的「肌肉系統、神經系統、內分泌系統、血液系統」等，皆有維持年輕體能狀態的良好作用。

人的身體機能能夠維持在年輕良好的狀態，才能叫做「健康狀態」，在健康的狀態中生活。試觀，當今主流社會裡的菁英、白領階級們，其生活的模式是否如寵物一般，完全喪失了生命的本能，吃的是大眾認知的美食，用的是眾所周知的品牌，住的是大家口中羨慕的高檔舒適房，生的也是所謂的高檔病，只是過的不向外人道的無良人生，這就是當今所謂的文明！可曾想過不再剝開外在的虛假價值，真真切切「過一回真實的人生」！來吧！從「用力到體腔內」這裡開始吧！找回自己，覓得「本來面目」從此入手，這是可以做到的！回到生命的故鄉，見到「本地風光」，亦是由此而入也！

### 3、如何醞釀成功

言及於此，有必要再重複一下煖身二法（八字功法）的公式：

此中功法的重點是在「用力」，並用到體腔內的五臟六腑上，在此前提下，會產生以下幾個步驟的狀況：

① 內動三到五分鐘產生內熱。

② 內熱以後五到十分鐘，會有醞釀「本能動」的徵兆，這個過程中也會有內動五到十分鐘，即有醞釀徵兆者。

③ 醞釀五到十分鐘，最多不超過十五分鐘，即生本能動者。
當你產生生命本能動，就是逐漸具足行者要件的開端。

④ 當你的身體初現「本能動」的徵兆時，即可進入「激發狀
態」，間隔僅約三到五分鐘。要留意的是：從開始醞釀起，
必須要始終一貫的專注於功法上，不能稍有懈怠，且能
不受老師教學的暗示，若受此教學暗示，即是被暗示！

所謂醞釀成功，是指從「醞釀」到「本能動」再到「激發」，
能順利透過「瞬間定」而到達「靜心」的目標，是為第一步成功。
這一過程的成功，可使：身調、息調、心也調了。我稱此乃是佛
法中，佛陀留給佛子們的寶藏。如何獲得此一寶藏，乃是獲得佛
陀傳承的第一步。

但此中有三個障礙容易使人無法通過：

第一個障礙：是醞釀期的**體力不足**，因而產生了「嚇回來」
的情形。

第二個障礙：是醞釀後期的心力，因為理性、好奇心而想進
去看個清楚的「**理性介入**」，愈是高知識分子說容易有這個狀態。

第三個障礙：是本能動以後，「被暗示」的下坡滑入的**陷阱**。

要克服這三個基本障礙，除了人品中的戒與律所構的心性三條件之外，就是心性三條件的存在，這是一項具有「活性的要素」，而非被壓抑、被扭曲的消極性項目。這個積極性的心性三條件，具有內觀要件中的「善思惟用心」以及「其心在緣」的兩項基因。在激發之前，此二基因所產生的作用，可稱為「善緣相助」。有此善緣相助，可避免入定之後變成外道。此種情形猶如與成功、優秀人士相處，自然你就會有優秀的幸福感一般，自然就能克服這三個障礙。因此，這些條件都必須在平常事修中與人相處（律也），圓滿、融洽中來！

　　「生命載體調整術」技術性的部分，簡單介紹至此，練習「生命載體調整術」，必須在善友的指導下進行。在這當中有兩個陷阱：第一是從「醞釀」到本能動之間，本能動的狀態與動作，必須在有安全防護的場所進行，更需要有足夠經驗的「具格師資」作體貼的關懷與指導。第二個陷阱在本能動以後的餘震現象中，對於餘震現象的處理，有一整套「餘震工程」的科班專業的指導，無法三言二語簡單的帶過，所以不能自己盲修瞎練！

　　有關煖身二法的科班訓練，最佳的時間安排是，每次七日不可間斷，一般而言，需要三次的時程，才能達到良好的效果，每

次之間的間隔不超過三個月，此間與學員應與指導的師資保持密切的聯繫，如此，在良好的學習環境與科班的專業指導之下，可以達成良好的成果。

　　一個人若想將「混亂的心」調到「靜心」的程度，大約要十到十五年的時間，而由靜心到「一心」也須要三到五年的時間，至於其他諸如調身、調息等就更不用說了，更何況還有本性難改、習氣難調的制約！然而透過這套「煖身二法（八字功法）」，可以令行者在半年到一年之間，快速的超越上述的種種，乃至於命運皆可因此而改變！

　　最後則是功法熟練的階段，所謂熟練是指煖身二法（八字功法）的練習到了熟能生巧的地步。在練習的過程中，同時是摸索跟訓練，此中經過了隨意肌與不隨意肌之間交互影響的磨合，自然產生可以自主掌控身體存在運作的要領。所以對於修習者而言，健康不再是問題，甚至也能夠清晰的感受到靈性的提升。到了這個程度以後，對於人生的生涯規畫可以更進一步。我們提供參考的選擇有二：

　　一是走**健康的專業途徑**，諸如：武術、氣功、功夫、太極、瑜伽等保健、養生等康養活動，對健康有益的社會事業。

二是**走入菩提道，開始正式修行**。在這類想要走入修行領域的人裡，有二種情況：一種是有神通等特異功能者，這種人不在菩提道的範圍之內；另一種是真入菩提道者，能夠接受科班的專業訓練，並且具備了相當的資格條件與標準，於此可再往前，走向更專業、更深入的禪修訓練領域。

如果對湲身二法（八字功法）有興趣者，可以前往大華嚴寺官網洽詢相關課程：**www.huayenworld.org**

## 內攝工程第二要件：調息→息調（調息工程）

「調息法」又稱為生命導引術。生命導引術是生命導引？還是導引生命？這涉及到生命學中生命與身體以及大腦之間的種種關係，這些問題不在本文的探討範圍之內暫且不談，此處僅簡單的提出「正確呼吸法」之訓練。

呼吸為什麼會不正確？這是由於教育普及之後，大腦的負荷量大增，心理的壓力也同時增加，而有關壓力抒解的教育卻並未推動。因而形成了壓力的亂流，進而造成了呼吸變調、內臟壓力增加，社會適應性不良等等錯綜複雜的身心病變。如何使變調的

呼吸調回到正常的呼吸狀態？對於這個問題的處理，坊間的瑜伽書籍大多翻譯成呼吸法，這種翻譯解讀是有偏差的，「呼吸法」所指的並不是在講呼吸的方法，而是正確的呼吸法有那些重要的效果與作用？為了避免訛誤，本宗稱之為「生命導引術」。

## 正確呼吸就是生命引導術

簡單的說，**正確的呼吸，呼吸的本身就是法身慧命，呼吸的本身就是靈性生命**。所以如何恢復到正確的呼吸狀態，並使其發揮應有的效用，這才是生命導引術！

在初階的訓練裡，並不用在意後續的效果，而是先要把四段呼吸的正確性練好。並且是在輕鬆的狀態下進行，就算及格了，也不必在意往後的作用，以免產生大腦意識「暗示」的作用。

**四段呼吸法的口訣是：「吸、閉、吐、閉」**，不同於一般大眾所認知的吸、吐二段法。正確的呼吸法，是可以專業培訓的。在我們的教學系統裡，初階的「呼吸法訓練」可以併入載體調整術中進行，當行者練習到本能動起來的時候，錯誤的呼吸就可以得到矯正。

在調整術進行的過程中，只要留意到在四段呼吸中，吸氣盡轉為吐氣之前，有一轉換點。只要去注意這轉換點的存在即可；同理，在吐氣盡轉為吸氣時亦然。這二個停息轉換的地方，就是「閉氣點」，這裡所指「閉氣」的是自然閉氣，不是憋氣或有意識作意閉氣，「閉」是名詞而非動詞，初期呼吸不順、有長短差很正常，只要置心一處，留意即可。若是能夠摸索、觸碰到這個自然閉氣點，並停在此中，即刻就可入定，因此這個閉氣點也稱為「入定點」，在禪堂入定的行者一呼跟吸之間可以達 15 分鐘，一般人大概幾秒鐘就受不了！

那些在禪門中久坐而於入定不得其門而入者，就是不知道這個閉氣點的重要性，此「**閉氣點**」乃是入定之金鑰匙，故又稱為「**參禪金鑰匙**」或「**入定金鑰匙**」。

四段呼吸法是一項重要關鍵，關係到生命與身體之間所存在的病與不病，以及人之將死時的「好死」或「不得好死」之別。

## 調息

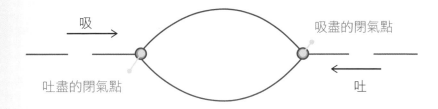

吸

吸盡的閉氣點

吐盡的閉氣點

吐

(1) 從「調息」到「息調」，其呼吸狀態如圖所示。

(2) 兩個閉氣點：「吸氣盡的閉氣點」與「吐氣盡的閉氣點」，統稱「閉氣點」。當閉氣點在修法的工程中，導引到正確的位置時，就會「引發入定」。所以在正確的位置上，達到閉氣點，此即是「入定點」。

(3) 如何從「不正確的呼吸狀態」，經由「調息」到「息調」，而產生「正確的、本能的呼吸狀態」，則是調息工程的第一步。

(4) 息調後的「正確呼吸狀態」，到閉氣點的產生是第一步，那麼將呼吸的「息」導引到「正確的位置」已經是「高階的調息工程」，這部分須善知識的指導，切勿盲修瞎練！

一般而言，情緒是最影響呼吸的正常運行，這是大家普遍都知道的。試問：一個人專注於電影情節、電視節目乃至電玩之中，是否也存在著長時間干擾你呼吸正常運行的問題？那麼長時間的埋首書案、用功研究、讀書、專心事業……等，是否也是長時間、乃至極長的時間成為一種慣性，這種慣性干擾著你的呼吸？並且使其成為一種長期的、不正常的呼吸狀態？尤有甚者，貪心、瞋心重的人以及意識形態重的人，是最典型的呼吸不正常的人。這些人大多數都有高壓力、失眠、便祕、口臭等菁英文明病的症狀，甚至有莫名產生的性格突變等怪異的現象，乃至於憂鬱、躁鬱、自閉、暴力等傾向者，皆是由於呼吸不正常所致！首先，先來看看你的呼吸狀況：

P93【調息】圖中是略帶橢圓型的呼吸圖示，說明呼吸的狀況是有吸也有吐，這是活人的呼吸，只吐氣而不吸氣的人都入土去了。嬰兒到人間則是先吐氣再吸氣，這是大家都知道的道理。但是你不知道的是，吐氣後何時轉成吸氣？吸氣又是何時轉為吐氣？要知道：吐氣轉吸氣，或者吸氣轉吐氣之間，必有一個轉折點，這個點在哪？茲以右頁【調息的相】圖示說明：

**調息的相**

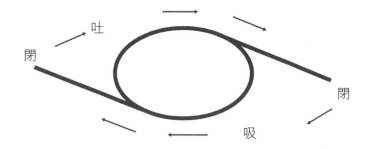

(1) 此圖在說明，從不會呼吸道正視呼吸時的呼吸相。

(2) 摸索時期即在調息，其呼與吸的「轉折」是 相當大的幅度。

(3) 首先是在認識眼前的「呼吸相」，其次再逐漸確認自己的「轉折點」，此時的「轉折區」會逐漸的縮小下來。

(4) 此時應注意，所謂的必氣是自然的，本能的閉氣才叫「閉氣」。若是做作意閉氣不叫閉氣，而是憋氣！社會上的瑜伽教學，不敢碰閉氣這一塊，即是分不清是「閉氣」還是「憋氣」。

(5) 稱「閉氣」或「停息」皆可，文字上而已，重點是「自然的、本能的」。

**息身**

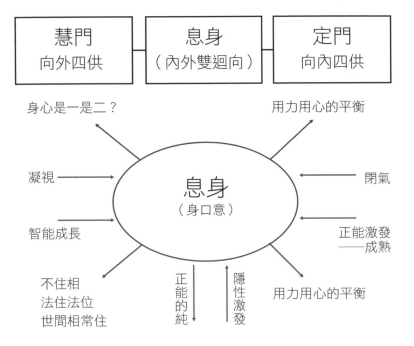

息身是「定中境」中的工程。「調息」這張圖言：將呼吸的息，導引到正確的位置，那個「息」就是這個「息身」。所以「息身」如何養成？這是一項獨立工程。導引如何導？如何引？又是另一工程。何謂正確的位置？又是另一工程！息身的養成為「內觀工程」的前行階段，此中有二法：一為禪法（屬早期原始行法），另一為真言法（又稱毘達見尼法，屬十到十五世紀以後的行法）。

在「息身」的圖示中，吐氣完後有閉氣、閉後吸氣、吸後閉氣，閉後再吐氣，如是「吸、閉、吐、閉」的四段呼吸法，是呼吸法中的一個循環，此一呼吸循環術語稱「一息」。

**「一息」當中的二個閉氣點，是指自然閉氣而非作意閉氣，**很多人錯以為閉氣就是憋氣，盲目妄為而產生很大的偏差。是以修禪者必須在禪堂裡接受指導與勘驗，這是一項重大的工程。唯有經過激發你的本能動，身體的本能就能觀察到閉氣的存在。至此就可以明白，何以激發身體的本能，對於性格的改變是很大的，乃至於心性上都會產生絕對的變化！

所以禪修入門的初階時期，是不特別教調息的，只是告訴你調息很重要！在華嚴禪的教法中，經過「動起來」的訓練引發身體的本能動（激發），也就是經過了一次「瞬間定」，就能令呼吸恢復正常。若是想直接作呼吸法的訓練，往往會被大腦教學的暗示所誤導，而將憋氣當作閉氣，以致呼吸不適。猶如禪坐雙盤，若是不經調身而就坐，往往只在硬撐忍痛，又如何能用心參禪呢！

## 內攝工程第三要件：調心→心調（調心工程）

調心工程不可「以心調心」，凡是用心以調心，所用之心是妄心，而用妄心調心，豈非是緣木求魚，愈調愈妄。故欲調心者，必須在妄心之外、不用大腦的方法才有可能調心。

所以「動起來」的調身法也是最好的調心法，此刻你已經歷了第一次的身體大爆炸，只是此刻的身體動還是一種「妄動」，要進入更靈性的象限轉移，還要問自己是誰在動？是身體在動，還是心在動？所以，嚴格的說，激發身體的本能動，已經可以產生心性要件的重大轉變，進入「心是一還是二」的階段，同時由於呼吸法對於性格的轉正，也會產生很大的純化變化，由此再進行調心工程，會有很好的效果。

而要真正從「靜心」到達「真心」的階段，則更要經由「激活生命本能」才有可能，這些都是「禪修前行」的工作。這裡主要談的是禪修入門的發心工程。在調心工程中是要到達「靜心」，「靜心」也是內觀要件與內觀工程中的重要標竿，所以調心工程將也是禪修前行的引子！

「調心」是「發心工程」七個項目（包含 1. 戒、2. 律、3. 調

身、4. 調息、5. 調心、6. 忍可→認可、7. 起修這七個部分。）中極為重要的一項，也是心性條件中的必要條件。調心不是單一項目而已，而是一項工程，故此稱「調心工程」。換言之，要完成心性條件中的三項標準，則「戒與律」是充分條件，而調心工程則是必要條件。

　　常有人問：「是否每一位行者都需要經此調心工程？」答案是肯定的！然若有行者此生已是屬於「始覺期」（注12）的成熟眾生，即表示「他」是已經經過了「第三千年史」時期的資糧積累，所以「他」已然具備了心性條件的標準，所以他的調心工程已經完成可以畢業了！否則每一位初發心的行者，必然都要經由「發心工程」的培訓以完成資糧道。

注12：「始覺史」時期分二：①「初始覺史」：這是行者的階段，我們開始進入修行，要經過幾輩子才能完成「究竟涅槃」時間不一定，雖然是叫「始覺」我們要經過多少摸索及彎路，這是由於行者的惑網所纏、性障未除，因此常有癡質的干擾而走彎路，但是已經進入始覺的狀態，不會再回到凡夫的癡質狀態。②「等覺史」時期：等覺是指十地菩薩以上，等覺有六個階段，最後一階為一生補處，及菩提樹下成佛。

修行的資糧道乃是透過積累而來的，並非經由培訓可以致之，故經由培訓的行者，其所經歷的，並非只是「相」上的培訓，更重要的是「意志力」的鍛鍊與對心理障礙的克服，這才是資糧道的培訓重點，否則「本性難移」，很快就又回到了培訓前初始的狀態。


## 應如是降伏其心

調心工程就是《金剛經》上所講的「降伏其心」的工程，經中所云：「應如是降伏其心。」，「如是」一詞作結，此後就再也沒人知道「如何降伏其心」！其實，這句話是出自於禪堂，在禪堂中經過調心工程之後，才有經中所謂的「應如是降伏其心」。其實在煖身二法的過程中，就可以看到調心的初始狀態。

右頁【發心工程的過程】這張表所指的人是以下生命：①處在意識界中的人，或②五陰熾盛的人，或③第四種五蘊到第三種五蘊之間的人，或④五大誘因重的人，或⑤紅塵與出塵狀態之間交雜的人，若這些人有心求菩提，就必須要先降伏其心。

## 發心工程的過程

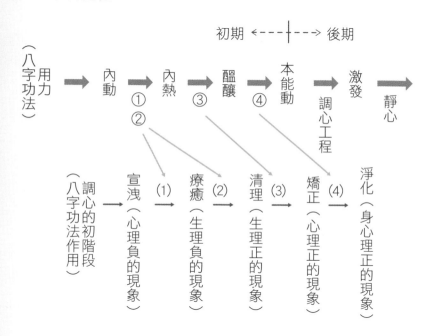

如 P101【發心工程的過程】圖表所示，皆是科班訓練現場所呈現的各種現象，這些現象是在清理生命的成長過程中，身心所積累的雜質、雜訊等等壓抑的「毒素」，這些被壓抑而積累的雜質與毒素，是引發情緒的原因，造成了社會適應性不良的結果。若上根器者，可瞬間通過。在「調心工程」中，接受過調心的科班訓練，其初始狀態就是會有這些宣洩、哀嚎、療癒、哭泣等現象。就在宣洩、咆哮等狀態的同時，其實是在清理積壓於生命（心理）上的一些雜質與雜訊，經過這一番清理以後，才有可能進行「調心工程」，以令達到心性條件的標準，達到這個標準的目的，即《金剛經》：「如是降伏其心。」完成「如是」之工程！

　　「調心工程」始自煖身二法的「激發」，激發之後即必須進入第二階段「心法歷程」的科班訓練，此心法歷程才是真正的調心鍛練。

　　在 P103【心法歷程圖】中，從調心到靜心的範圍，屬於「調心工程」的領域，而從靜心以後即屬於「禪觀」的範疇，禪是內攝工程、觀是內觀工程，所以說，「禪觀即是等持工程」。靜心以後則屬於內觀工程中架構「息身」的工程。

## 心法歷程圖

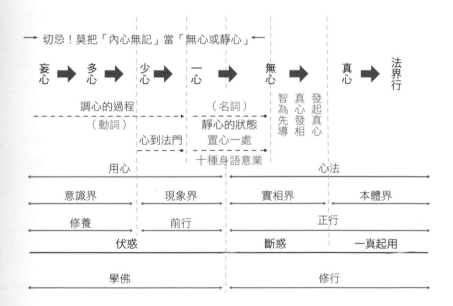

禪觀中之所以提出「息身」的概念，是為了避免行者誤入「內力」功能的歧途。在入定後架構「定中境」的息身，即在積累 Pran（古稱「般那」）這是生命的本能，並使之不漏。但若在定中循「定自在力」發揮，則是步上使用內力的「有漏之定」！調心的過程是從妄心到一心，這個過程也稱為「調心工程」。調心的過程並不是人人一致的，但卻是每位行者必經之歷程，差別只在於有的人是處在第三千年史已修的階段，有的人處在初千年史……或第三阿僧祇劫的階段。在禪堂裡，每個人的根器不一而足，有人可能瞬間即到「一心」的狀態階段，有人則無法調心。**要特別留意的是，莫把「內心無記」當作「靜心或無心」的境界，這是在調心過程中之所以必須「守記內心」的儆策。**

茲將調心的過程分段說明：

第一、從妄心到多心。
第二、從多心到少心。
第三、從少心到一心。
第四、靜心。

即屬於心法的範疇，與前三者的調心過程是有所不同的。分別說明如下：

## 從妄心到多心

所謂妄心是指受到五大誘因的影響，而生五陰（色、受、想、行、識，力又稱為五蘊）熾盛苦，所生的憂心、操心、嫉妒、計較等種種捨不得、輸不起、放不下、看不開的心理狀態，謂之為妄心。

所謂多心，是指依於獨頭意識、隨機命題而生的種種意見，這些見解多是無恆心、浮躁、拖延、無目標、無責任之人的人生狀態，意見即使再好、再多，因其沒有目標、也無責任，故其目標多半是無法兌現的。

妄心者有取得及占有的意志，故其貪心、瞋心較重。而多心者並無占有之心，故多無目標性，癡心較重。故知，**從妄心到多心是指從惡質心到雜質心**。並非是從有責任心到無責任心的狀況，所以從妄心到多心，是可以從道德上的教養與修養來區別的，這兩類人多屬於第四種五蘊的人，這種階段的人是無法教導的，教不來，所以尚不能進入真正的修行！

## 第四種五蘊

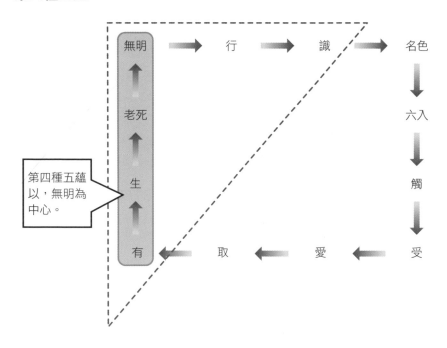

第四種五蘊以，無明為中心。

## 從多心到少心

在妄心與多心之間的人，是無法教導的；但在「多心」到「少心」之間的人，則是有了覺醒之人，但此時談修行仍然是為時尚早。這個階段裡的人所要進行的是道德與修養的教育，這是進入調心的第一步。一般人通常認為這些心性上的問題是本性難改，事實上不是不能，而是不為也！

## 從少心到一心

從「少心」到「一心」的過程，才是真正的進入調心工程的領域。在「少心」以前的妄心、多心到少心之間的階段，是人格性健全與否的問題，屬於家庭教育與道德、倫理教育的範圍，不在修行「調心工程」的範圍中。

在一個制度健全的道場中，於事修制度上，對此也會做一些基本的規範與教育！從「妄心」經「多心」到「少心」之間，最嚴重的問題是情緒的不穩定、與人相處的不融洽。前者屬於「戒」的範圍，後者則屬「律」的範疇；不論是戒或律，都是必具的先決性條件。概以發心入道，則「發心工程」即在具足一切可能的

修行資糧道，而為人處事中的「能力」與「責任」，則是自己對因果的基本態度。若無「持戒」與「守紀」的能力，又將如何能承擔修行、弘法、利生的統理大眾事業？所以調心工程我們從「少心」開始！

　　所謂「少心」之人，於屬第三種五蘊的人，在「生、住、異、滅」中屬於「異」的階段，是概念型的人，是有善惡念區別的人，是具有「識性屬性的人」而非「動物屬性的人」（參閱第右頁【生住異滅圖】）。

　　少心人之已經會用心了，所以又稱「識性人」，這種人是介於第三種五蘊與第二種五蘊之間的人。一般而言，沒有經過科班訓練的人，皆屬於第三種五蘊的識性人，以其多用識性分別故。雖然偶而也會用生命迴路，但以久受無明薰習故，列為第三種五蘊的人。（參閱 P110【第三種五蘊】、P111【第二種五蘊】、P112【第一種五蘊】的圖示）此中，具有「聞慧」善根的人，較容易轉入「現象界」而成為第二種五蘊人。故稱此類「少心人」乃是具有「覺性」之人，但這種覺有「覺悟」與「正覺」兩種層次之別，而覺悟之人有三種層級，一一說明如後：

## 生住異滅圖

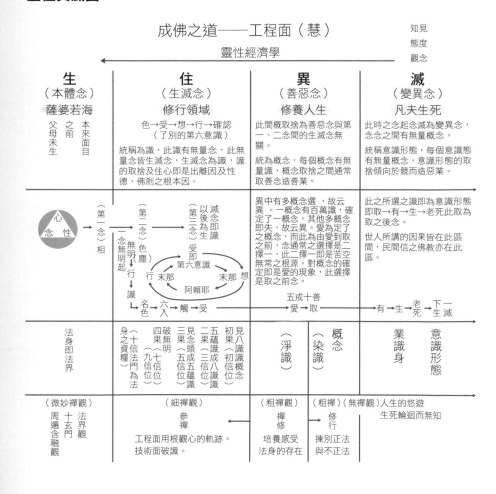

成佛之道——工程面（慧）

靈性經濟學

知見
態度
觀念

| 生<br>（本體念）<br>薩婆若海 | 住<br>（生滅念）<br>修行領域 | 異<br>（善惡念）<br>修養人生 | 滅<br>（變異念）<br>凡夫生死 |
|---|---|---|---|
| 父母未生之前　本來面目 | 色→受→想→行→確認（了別的第六意識）<br><br>統稱為識，此識有無量念，此無量念皆生滅念，生滅念為識，識的取捨及住心即是出離因及性德，佛剎之根本因。 | 此間概取捨為善惡念與第一、二念間的生滅念無關。<br><br>統為概念，每個概念有無量識，概念取捨之間通常取善念造善業。 | 此時之念起念滅為變異念，念念之間有無量概念。<br><br>統稱意識形態，每個意識態有無量概念，意識形態的取捨傾向於競而造惡業。 |

異中有多概念選，故云異。一概念有百萬識，確定了一概念，其他多概念即失，故云異。愛為定了之概念，而此為取乃取之前，念通常之選擇是二擇一，此二擇一即是苦空無常之根源。對概念的確定即是愛的現象，此選擇是取之前念。

此之所選之識即為意識形態即取→有→生→老死此取為取之後念。

世人所講的因果皆在此區間，民間信之佛教亦在此區。

法身即法界

法身之資糧（十信法門為法身之資糧）

五戒十善
愛→取

有→生→老死→下一生滅

初果 見八識識概念（初信位）
二果 見五蘊成五蘊識（三信位）
三果 見五蘊成五蘊識（五信位）
四果 破無明（七信位）（九信位）

（淨識）
概念

（染識）
概念

業識身

意識形態

（微妙禪觀）
周遍含融觀　十玄門　法界觀

（細禪觀）
參禪

工程面用根觀心的軌跡。
技術面破識。

（粗禪觀）
禪修

培養感受
法身的存在

（粗禪）（無禪觀）人生的悠遊
生死輪迴而無知

揀別正法
與不正法

## 第三種五蘊

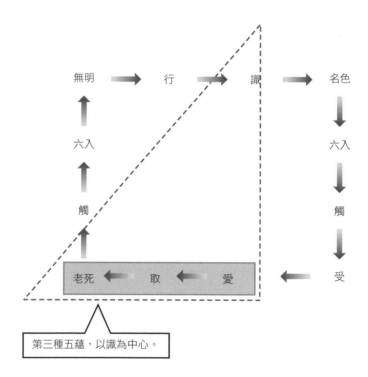

第三種五蘊，以識為中心。

## 第二種五蘊

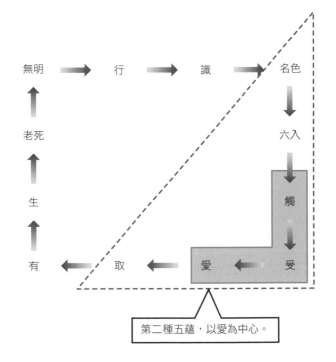

第二種五蘊，以愛為中心。

## 第一種五蘊

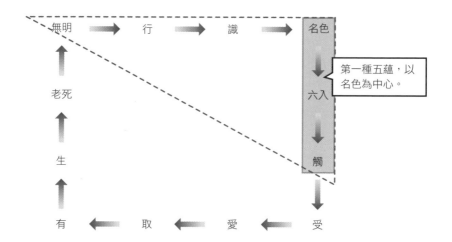

生命進入身體是經由大腦的媒介,而經本體界到現象界。此中五蘊的運作是生命誕生→至現象界的過程,其實是無明介入了!修行即在去此無明,故云破無明。因之必循五蘊段段破。生命進入身體是謂降生或下迴向,依大因緣而生;而破無明回本元是返本體界,即稱為上迴向。

# 覺悟之人的三種層級

**覺悟少心（或稱少心覺悟）之人**：這類人是世間善良之人，一般大都享有幸福美好的人生與家庭，在生活中偶爾也有一些生活上的享受與調劑諸如：下棋、品茗、跳舞、插花、打球、旅遊等等，除了上班工作、日常生活之外，無有多餘的貪欲，亦不多所計較，人生的目標很明確，大多擁有穩定的人生，是成功家庭之士，亦為有教養的人。俗稱「小確幸」的族群。

**覺悟一心（或稱一心覺悟）之人**：這類人多為轉輪王，如工程師之流，能有創發力：或者是運動員、企業家、藝術家、軍事家、政治家、軍事家、推銷員等，大多有統御一方的能力，在為人處事上秉性謙和、心地善良。不但有人生目標，並且能夠克服種種困難，是有能力為人類、文明創造高峰之人。這是世間有專項成就的人，多稱為「家」或「師」字級的人士。

**覺悟無心（或稱無心級覺悟）之人**：覺悟到達無心層級的人，大多屬於虎豹不群之類的孤冷之士，從小就有與眾不同的價值觀；與覺悟一心的人一樣，這兩類人一般都是前世修行精進有成，所以此世的人生方能如此。「覺悟一心的人」多屬應用科學家之流；「覺悟無心之人」，則多屬理論科學家之流；或為外道行者、或

為傳燈大會之領袖，雖然未有解脫之果，但於世間法中仍將是事業成功之人。這等覺悟到無心的人，不會是「內心無記」的情況，而是心如止水的靜心人，能靜觀天下，能群而不黨，每每有過人之處，不愛現、也不會盛氣凌人，能為世人之導師，行止威儀出人之眾！然而這類人多是世間聖賢，亦是已達到「入流」的層次。

若問其是否為菩薩所示現，這個問題已經不是世間成敗之相所能衡量的──菩薩示現者「踏塵沙，履無明」。為眾生示現，不是以成敗而衡量。菩薩的示現，其人生是多彩多姿的，這種多彩多姿不單只有風和日麗、陽光普照或事業順利、功成名就等；還包括了天搖地動、狂風暴雨以及家破人亡、身敗名裂等失敗景象。又，若是羅漢之屬，於天上人間七次往返者，所示現的則多屬清淨無為，行於世間則行無染著、無過失、不害身、語、意業，與菩薩示現者有所不同。

正覺之人有兩種人：

一者、**始修之人**；此時我、法二執仍重，是「第三種五蘊」想要轉入「第二種五蘊」的人；此時想轉，但未必就能即刻轉入第二種五蘊的現象界，屬於發心工程的忍可階段，是少心到一心之間的覺醒之人，但對於一心卻未必能嚴守得住，故稱其為「始

修」之人。

二者、**一心之人**；是指有意追求出塵之士，一心之境乃是指「入道之一心」，不是世間追求「五大誘因」之一心。追求五大誘因者是世間覺悟之人，屬少心人士；一心者，則指放下萬緣「置心一處」之行者。這裡所談的少心及一心之別，乃是世間判斷「修養」與「修行」差別的關鍵！唯求一心者有用心得力與否之別，此正覺一心者，若是用心不能得力，只能說是有心之士，尚未「入流」；用心得力者，方可稱為入道之士，唯此時乃屬「入流向」。若至無心或靜心者，此等人已是「入流果」，即已然上道之意。入流向是指從「意識界」轉入「現象界」者，即從第三種五蘊轉入第二種五蘊的人；而入流果則是從「現象界中的欲界要轉入色界」的重要關卡。

綜合上述，可知自妄心到少心是屬於世間覺的部分，也稱「覺悟」；但從少心到一心則屬「正覺」，是為初發心，即首次發起「菩提心」，雖然仍是識性人，但已是能由「意識界」轉入「現象界」的靈性人了。這與少心人大不相同。

少心人屬於識性人，但從少心轉一心的過程中，只能稱為入流向（不是入流果）；而一心人屬「入流果」，即初果位阿羅漢。

此處所指之「一心」乃是入道之一心，不同於世間之一心。世間之一心雖亦有出塵之志，但只有懸念而無法定位──仍有世間五大誘因之懸念，故稱少心而非一心。

　　「入道之一心」則不同，他能放下紅塵萬緣，單提一個法界懸念，已能出塵而不落因果──紅塵中有三百六十行，行行皆在因果中；故如是轉念，由紅塵轉出塵之懸念，正是少心轉一心的關鍵，也是覺悟的少心轉正覺的一心，自此以後才是真修行，故曰「入流」。

　　以上種種乃就理體而言，然於事修上又應如何進行呢？如前章所述，在煖身二法的激發過程中，若由本能動到激發之間，受到破壞三因素（ 1 嚇回來、2 理性介入、3 被暗示 ） 的影響，即不能入「瞬間定」。若受此破壞三因素之影響，這輩子可能沒機會了，所以此調心工程更須加緊、加倍用功，才能突破此生之困境！有心之士若欲積極突破此「破壞三因素」時，可以透過多次密集、每次七日連續的煖身二法練習以求突破，若時間隔相去太遠，恐怕成效不盡理想，或許此生都將無緣了！

## 小結

　　行者的具格培訓是當代的用語，用現代的語言來講則是「發心工程」，在華嚴禪堂裡將此發心定義為「四天王定」，其實就是檢測行者是否具格的一個關卡。既然是檢測考試，那麼前行的準備功夫「戒、律、調身、調息、調心、忍（認）可、起修」等七個項目乃是必備條件。

　　前兩項（戒、律）為工程面，特重人格、人性、靈性的養成與提升；後三項（調身、調息、調心）是技術面，特重全方位的成果。若五個項目皆能及格者，必然會產生第一次的象限轉移，而第一次象限轉移成功者，也必然有前述心性條件、內攝條件、內觀條件具足的九大功德（檢試的標準及格），尤其是前三功德（心性條件）具備，方能稱為真正的「行者」。

　　前三功德（心性條件）若是不具足，僅能稱為淨化調身及格，身體能夠獲得健康，這一生福報具足而已，尚未到達象限轉移成功的程度。若前三功德（心性條件）具足，而後三功德（內攝條件）不及格，雖然也有清理現象與效果，但在精進時必然多所障礙，然因其象限轉移成功了，其往後生生世世的生命品質皆已提升了。

「**禪修**」不是有修就好，而是**有具體的目標可實踐、可驗證、可重複的行法**。所以行者本身應具備那些資格、條件與標準？又該如何去具備呢？這就是發心工程裡「煖身二法」的目標，讓有心的行者可以在最短的時間內達到這些資格條件。這些資格條件若是自己摸索無人指導，可能要三十年以上的工夫才能完成。培訓以養成「具格條件」，這是行者入門的「先決性條件」，方可經由檢測而入道也，這是具有明確而具體、可驗證、可重複、人人皆可到達的目標。

普賢行者的具格條件為「十具足」：「外部五具足」是生處具足、種族具足、家具足、色具足、相具足；「內部五具足」是念具足、慧具足、行具足、無畏具足、覺悟具足。

十具足的條件對於初階行者而言，即使未必能一一具足，但至少要能先培養一些基本要件，其中：外部的色具足、相具足；以及內部的念具足、行具足等四要件，就是內攝與內觀的條件，行者可以先進行準備，待往後用功，功德增進時，自可逐一具足而正式進入菩提道的勝進之路。

佛法不是販賣機，**修行還是要靠自己下工夫**。「色具足與相具足」，是自己本身所具備的條件，用現在的話來說就是「人

緣」，人緣不好，即色相不具足。臺灣老一輩的母親常會對女兒說：「我是生你緣，不是生你水。（台語）」意思是説，生你，是希望你有好人緣，而不是只為了把你生得漂亮。漂亮就像花瓶，看完就算了；但好人緣才會受到疼愛，如果緣不好，便沒有人會疼惜。然而，人緣好是相當大的福報，但人緣太好也可能是災難。

「念具足」則要**問問自己，有沒有時時與靈性在一起？**若總是開口閉口就是「隨緣、不在意、無所謂」，即不具備念具足。倘若任何事都「不執著」，那還修什麼呢？因此剛開始修行，所有人都只是凡夫，必須先培養出「我執」，先把「假我」建立起來。假我建立了，才有往後可以破假我，並能進一步破「我執」。一旦念具足之後，才有接下來的慧具足、行具足，也才能繼續談無畏具足、覺悟具足。

剛開始修行的時候，得先處理好「十具足」，才能接下來達到「十慧」、「十力」的階段。切記，這些都是修行之路所需的資糧道。

# ｜內觀要件｜

　　經過「禪修前行」的階段，「內觀條件」就變成了「內觀工程」，但此時必須把內觀工程中的幾個重要基因，置入「發心工程」中，以免到了內觀工程時找不到這些基因的線索，若如此的話就會成為羅漢的基因，而無法走向菩提道。

　　菩提道的具體定義是指「定慧等持」的全過程直到「止於至善」的整個工程。「定」是禪定工程；「慧」則是內觀、智慧工程。換言之，「等持工程」即是「內攝與內觀」並行！

　　先就「戒與律」、「生命本質」、與「天王三德」三個方面來探討生命改造工程的殊勝價值，以及發心工程的重要性及必然性。

## 「戒與律」

　　「戒與律」是生命的基本架構，是上迴向要回到生命的故鄉時的基礎。所謂回到生命的故鄉，是指要到達「止於至善」的轉運站，既要到達終點，就不能滿足於中途休息站的風光而停滯不前，在回到生命故鄉的一路上，中途的休息站只是過程而已！

　　「戒與律」這個生命結構是「絕對善」的修行結構，不是相對善的道德律，是直接到達止於至善的一站式修行法。這當中或許過站不停直接到達終點，如經典所云：「不住三界、不出三界」、「不住此岸、不住彼岸、不住中流」，這一切經文的敘述，都在說明生命返源中上迴向的基本結構。

## 生命本質。

　　從戒與律的理論中，現象界中生命本質的現實性又是如何呢？凡夫的生命本質有四種狀況，即：優質（才華、技能）、良質（人品、道德）、惡質與雜質。（參閱第 P124 ～ P125 頁【紅塵人性】）

## 「天王三德」

　　在戒與律的簡介中，已經介紹了生命的基本結構，而在生命的本質中，也分析了紅塵的生命在無明的作用下，存在有正、負向的雙面作用，故有善惡之別，而此「天王三德」則是在說明生命返源的過程中「入道之徵兆」，此是生命中純良的部分，此即

「靈性」的定義，具有三種特質，稱天王三德，即「護世的基因」、「護法的基因」與「護生的基因」。

　　天王三德是「激活生命本能」時的基本現象，為入道的象徵，古稱「入流向」。在華嚴禪堂的指導中為「檢驗及格」──即從「忍可」到「認可」的過程（參閱 P38【華嚴禪觀一覽表】）若約「定靜慮」而言，又可稱為「四天王定」，若行者的生活是處在這種境界中，所展現的各種生活狀態皆符合四天王天的標準，則稱生於四天王天（又稱生靜慮），這也是禪修指導中檢定行者是否入道的標準。

　　行者經認可後，即已入忉利天，則應該有忉利天的福德，意即必須善根、福德、因緣具足才可能開始修行，若只有技術面，而善根、福德、因緣有缺，也很難開始起修，只能享受忉利天的福報而已。所以有忉利天的福報而不修行，如同滿街的富貴人都在享受舒適美好的生活一般，這只是享受福報而已，與靈性無關。

　　「靈性」不是可以用知識隨便定義的，必是經由發心工程「激發身體的本能」並「激活生命的本能」，進而產生了天王三德以後，才開始正式的起修。一經起修即入「穩定」境界──即入空

居定，已離開了須彌山地居定的束縛，這是生命中「上迴向」中一項明顯的標誌。

如果不經過發心工程的淬練，如何能知生命是什麼？我是誰？活著做什麼？唯有能「如實了知」此一過程，確實走過此一程序，才能踏踏實實步上菩提道。從起修的入流向開始，直到「入定發相」得入初禪定，稱為「入流果」（此乃技術面言，另有工程面的標準）。此一定義乃就實修禪觀的等持工程而言，與外面的野狐禪、學佛派或知識禪等無實修內涵的知識不同，這是經由實踐的歷程，循序漸進、步步為營所走出的修行途徑！

為何說「天王三德」是靈性的標誌？這是說，既到了四天王定的境界，是應該激活生命中的這三項特質——天王三德，這三項特質在這個階段其實只是種子、幼芽而已，待其成熟時則是「圓滿三世間」，此天王三德具有三種意義：

第一、生而不是為己，故云「三世間」。
第二、生而能為他，故護法、護生、護世。
第三、必有足夠的福德方可布施、供養，故稱「護持」。
透過忉利天的認可後，即是菩提成長的沃土。

## 紅塵人性

| 優質 | 良質 | 關鍵 | 惡質 | 雜質 |
|------|------|------|------|------|
| 才華、能力、處事 | 人品、道德、為人 | ＞＝＜ | 不良的態度、心態 | 隱形人 |
| 主動、能看到問題有解決問題的能力，處世的思惟健全。技術、專業、強悍、認真、獨立承擔、貢獻、使命必達。 | 穩定、誠、道德守紀、應對進退得宜、溝通協調能力佳、主動積極、任務使命必達、解決困難、不爭、和群、和敬、求同存異、分工合作。 | ＜不可用＝應權衡＞可包容∞→0重用 | 身：裝腔作勢、擺臉色、趾高氣昂、不負責任、作威作福、逃避責任。<br>語：言語暴力、義正辭嚴、疾言厲色、言不及義、甩鍋、長舌、分化、是非、戲論。<br>意：心機、算計、背叛、任性、獨斷、情緒化、不承擔、無責任、不合作、猜忌、不忠、嫉妒、渲染是非、陰晴不定。 | 小聰明、固執、不開竅、自閉、抱怨、嘮叨、自我感覺良好、自我解讀、自找理由、五大敗筆、四種非善、四種無用。 |
| 正向作用為三質 | | 貪瞋癡的兩面性 | 負向作用成三毒 | |

紅塵中人皆含貪、瞋、癡質，唯其含量多寡，當中皆有正反兩向作用；負向部分，會引起惡質與雜質，這是介於才華與人品之間的關鍵點。用人與否並非才華與人品的二分法，關鍵即在其所產生的「惡質」與「雜質」的破壞性。惡質的強烈，會排擠人品的存在，並令才華的優質失去其地位，所以才寧選用「人品佳」，而不用「能力強」的人之結論！

人性中惡質與雜質的存在，不但是生活中挫敗的主因，更是障礙其優質中才華的顯現，亦蒙蔽了其良質的存在，是人生的不幸。然，惡質與雜質的存在很難自覺，惡質更無法使靈性成長，所以去除惡質乃人生的第一要務，故云：人生唯一能做的就是「修行」；而修行第一件事就是去除惡質與雜質，此二即：貪質、瞋質與癡質所顯的三毒，三毒存，何以修道？

顯現的惡質與雜質正是「無明昌盛」的阿僧祇劫史時期的人，無有自知之明，無法自我反省。而要能去除此顯現出來的惡質與雜質，此種惡質與雜質的顯現，即是愛現的習氣；此種愛現習氣的存在是無法自知的，故無法自我反省。而破除此種愛現的習氣即是破無明，此即「心性三要件」為修行先決條件之原因。破此惡質與雜質之無明習氣，唯有三藥方：

(1) 忘我的做功課，基本的佛法功課如何行之，請依三緣念求得。

(2) 「心行道非相行道」（相變到體變），如何用心法以行道，請依三緣念求之。

(3) 必先有立志改過之意志力，若意志不堅，不能有「今夕是何夕？」的情境。如牛負重，行深泥中，不敢左右顧視，直到出泥，方敢蘇息，是無法脫胎換骨的。如是而行，六年之後，必可入道證初果矣！

## 業瑜伽、智瑜伽、善瑜伽

就「戒與律」、「生命本質」與「天王三德」的角度而言，乃是將生命的存在從原始的教材中抽離出來，重新按新時代的邏輯、理論作說明，讓初階行者容易明白「我們到底在找什麼？」對比說明如下：

• **戒與律** 是在說明「真理的結構」，或稱為生命存在的基本架構，印度的原始教材稱之為「業瑜伽」。

• **生命的本質** 是在說明「生命的活動」，或動態的真理活動皆有正負兩方面，當如何擇善固執呢？印度稱為「智瑜伽」。

• **天王三德** 是在說明生命中在上迴向的路上，如何選取「絕對善的標準」而進行實踐，以兌現靈性的誕生。印度又稱之為「善瑜伽」。

　　綜上所述，調心的階段雖然不談內觀工程的技術面操作，但這是內觀條件的基本素材；若無此素材，進入禪定中是無法在「定」中起到內觀工程的作用，故稱此天王三德為內觀工程的種子、苗芽！

# | 檢驗與起修 |

　　禪修入門的重點是在內攝條件中的三個標準，即身調、息調與心調等三個技術面的進行，這三個技術面在華嚴禪堂的教學中稱為身體（生命載體）的調整術，並以達到生命的本能動為標準。這當中要先經歷「激發身體的本能動」，用以調身及調息，並經「激活生命的本能動」，用以調心及兌現心性條件，這整個過程統稱為「動起來」。透過「動起來」的訓練，身調了！息調了！心也調了！心性也轉變了！同時內觀條件也自然上路了！

## 動起來的訓練

　　行者在「動起來」的訓練過程中，必然是全心專注於此而心無旁騖，若心有邪思，不是專注於煖身二法，也就是「八字功法」練習的深化，而想用大腦思惟的方法「讓身體的本能達標」就是作弊。從外相上看起來也似動起來，但其實是暗示與作意的假動作，這樣的動雖然對身體健康有所幫助，但對於修行上心性的轉變、內觀條件的具足乃至命運的轉化皆無關。

　　「八字功法」可以説是這個時代想進入禪修之門最佳的方法與途徑，也是「破無明、入菩提道」一騎絕塵的千里寶馬。然而

在「動起來」的過程中關鍵甚多，不可有一絲的大腦介入，否則就落入了暗示與作意的假動作陷阱，看似激發了本能動，但於菩提道的修持是無有助益的！因此，「不用大腦」的無目的性追求、無知識性追求、以及無「名法」的作用等，唯有專注練習且放鬆心神是我們所觀察「本能動」的核心關鍵！

在發心工程中的技術面是以「八字功法」鍛練到動起來，重點是透過八字功法用以達到調身、調息、調心的三大目的。而在發心工程中的「戒與律」指的是健全的人格性與良好的人際關係（參閱第 38 頁【華嚴禪觀一覽表】），若是戒與律不及格，「動起來」的成果就有可能不到位，動起來若不到位，則進行實修將會困難重重。

所以，在經過八字功法的培訓之後，禪堂的指導中就會有檢驗行者功夫是否過關的考功，考功的結果若是不通過則必須從頭再來，通過者則可以「扶正」起修。因此，「檢驗」與「扶正」可以說是發心工程中的最後階段，而這個階段並非是在禪修入門「動起來」的禪堂中檢測，而是在禪修前行「華嚴禪七」的禪堂裡驗收。

所以在發心工程中只有一件事——八字功法，操練八字功法直到動起來、心性轉移、靈性啟動。這就是【修行陷阱圖】（參閱第 51 頁）中經由斜坡的路徑直接到達四天王天的這條路，可以越過意識界的雷區，可避免掉入意識界的陷阱中。這個工程可以說是一項「不用大腦」而改變「腦內結構」的大腦風暴計畫，掃除大腦知識領域中貪、瞋、癡的無明習氣，一步到位「破無明、入菩提道」，且從此直入「邁向涅槃的境界」，是為達「初果位」。而檢測的標準，及起修的境界，以下分別說明之：

## 第一科：從忍可到認可

初發心行者，在一連串發心工程的培訓過程中，所要觀測的標的內容是非常豐富的，但是方法卻是極簡的、其精度是至微的，其標準乃是《華嚴經‧賢首品》所言：

菩薩發意求菩提　　非是無因無有緣

於佛法僧生淨信　　以是而生廣大心

不求五欲及王位　　富饒自樂大名稱

但為永滅眾生苦　　利益世間而發心

常欲利樂諸眾生　莊嚴國土供養佛

受持正法修諸智　証菩提故而發心

深心信解常清淨　恭敬尊重一切佛

於法及僧亦如是　至誠供養而發心

深信於佛及佛法　亦信佛子所行道

及信無上大菩提　菩薩以是初發心

作為一位發心追求「佛子所行道」的人，這就是「行者的標竿」。因此，你是否為這樣的一個行者？我們又要用什麼方法、標準來勘驗呢？茲將從忍可到認可的過程略述如後：

### •培訓與檢測課程項目的內容有五科：

1、**傳承**：一切佛、法、僧及大菩提的傳承。

2、**經典**：原始佛教經典、大乘通用經典及華嚴經、四書五經⋯⋯等。

3、**生命教育**：人品、能力、責任、承擔、願力⋯⋯等。

4、**工程面**：統理大眾、達標、領眾、組訓、教學⋯⋯等。

5、**技術面**：煖身二法（八字功法）、激發、靜心⋯⋯等。

•**檢測的方法以極簡的煖身二法**（八字功法），自「用力入體腔內」的揉動開始，雖然其中的經典及生命教育或工程等項目，並不在禪堂內檢驗，但在道場中群居的生活中，凡行者的一舉一動，全在觀測範圍之中。

•**檢測之標準精密度是極細微的**，這是佛陀教法中的一項至寶，透過煖身二法（八字功法），一來可讓求道者踏上轉凡成聖的起跑線，二則可以讓求道者具足初發菩提心的標準，第三可以改變你的命運，最後可以調適你的身心靈。但是自問：你的八字功法符合求道者的標準嗎？

檢測的目的是乃在篩選行者的程度，並非在排拒行者進入行法的大門，但能夠百分之百真正通過檢測者少之又少，十億人中大約只有一人能夠到達滿分。從檢測的數據上看，此一檢測的成績高下亦與年齡有關，兩者綜合以後，即可知行者在行法過程中所遭遇的挫折與瓶頸之狀況，也決定了成就的快慢與層級。所以修行宜趁早、宜具格，方可免走冤枉之路。

　　檢測中有「願力」一項，乃以此檢視此行者的法身ＤＮＡ，願力中有護法、護生、護世等天王之德，此中若有任何一項不足六十五分以上皆不及格。換言之，此三德是行者在四天王天的一切表徵，是以在忍可與認可之間，行者的各項因緣已達四天王天的境界了。四天王天的境界是「憨直」，憨直是認定正法的標的。若徒有「天人」的水平與福報，而缺乏護法、護生、護世之性德，則只是天人福報而已，不是四天王定，因為不具備與四天王定相應的善根。天人福報與四天王定的福報是有區別的，從發心工程的立場來看，兩者自然也是不同的。若行者從激發而到達此境界，卻仍未具天王三德，則必須加強經典教育及生命教育，否則無法入道。所以是否具備天王三德及天王三德之身、語、意，是檢驗行者是否被認可的標準。

　　簡單講，想要禪修必須要能避開「意識界」這個陷阱，否則一切「修行」皆是假的；所以才會有道德禪、修養禪、學術禪之流。這些禪永遠無法涉及入定、入道、破無明或如何修行等實修領域的層面。只能引經據典、空談公案，雖然所談所論的都是經典、公案、修行、究竟義、無無明等美好的境界，卻完全無法落實到行法的實踐中！既言「禪修」，就必須一步一腳印、踏踏實

實的走下來，故以此發心工程作為修禪的第一招，是為修禪的入門之鑰。即便眾生之根器人人互有不同，經過具體的檢驗仍可查證明白。須知！若不經此勘驗與扶正，所講的禪修也只是常放逸天的「名嘴禪」而已，仍在修行陷阱之中，終究無法跳出泥淖！

## 第二科：扶正 ‧ 起修、忉利天

當我們提到「扶正」、「起修」和「忉利天」是各有用意，三者的切入點或有不同，但是意涵內容其實是一樣的！

禪修中的「扶正」有二個意義：其一是代表「人」能從雜亂紛呈的紅塵中，找到了返回生命故鄉之路，而願意從此排隊上路了。第二則是表示「人」能正視除了「活著」以外，在「身體」之外還有一個生命的存在，在身體與生命之間，所存在的關係與運作是如何進行的，現在能夠正式探討了。

關於「起修」，則是指正式摸索「菩提道」這條路的起點，也可以說是正式試著走上菩提道，或者稱為「試修」也可。起修也算開始修行，但仍屬禪修前行的前半部，因為起修正確以後，

第一步即入穩定階段。在進入穩定階段之前為起修，目前都還處於檢驗觀察的範圍之內。

「起修」從指導者的立場來說也是陪練、輔導行者步上正確、精準的心法菩提路了。協助行者上菩提道不單只是儀式或名義而已，而是在步上菩提道時，每一位行者在每個當下的心境上，都是一種邁向未知、無盡超越的境界。**修行本是實踐，唯有邁向未知的實踐才是成長**，若只是在已知的範圍內重復活動，不能算是修行，只能說是作功課，多半是在享受福報或修福報而已。由於忉利天的特色是福報具足，沒有任何障礙，因此做功課時「更要」帶著疑情，才能一再向上，無盡超越！

至於「忉利天」則是就「行者」的本質來說，這個說法與一般學佛人從意識上而言是不同的。「意識說」是從外相上看，「本質說」則是從本體上看定靜慮的結果。意即從生靜慮的立場而言忉利天，是故與學佛人、學者等從意識上的解釋其內容是完全不同的。

忉利天是指忉利諸天，就是須彌山頂，也稱為地居頂，以帝

釋天王為代表。大家要知道，地居天的人其實都在人間，然而人人都不自知。就行者而言，首先即應對這些情況有充分的認知，否則要怎麼知道你「修」到哪裡去了！各位可以冷靜的觀察今時今日這個世間，滾滾紅塵中有多少修行的大論師，何人能夠真正的論斷「修」到哪兒了？這就是為什麼說「修行者眾而成就者寡」的原因。

　　忉利天這一關不能過，沒有下一步！就須彌山頂所代表的意涵來說，是指在地居界裡的芸芸眾生中，在須彌山頂的人是最頂尖的。但是不要忘了，忉利天是欲界天的第二層，有三十三個天城，為何稱為三十三天？就像工作有三百六十行，行行出狀元──雖然說行行各出狀元，但是行行之間卻也是隔行如隔山，此即「學者意識說」與「行者本質說」的差異所在；前者是用頭腦在思考，後者則是回到修行的本質。民間常有按課本學英語，但英語卻說不好的情況。「行者本質說」的情況即如在生活中學英語，學者意識說的忉利天或各天情況即是如此！

　　三十三天到底是指哪三十三行或三十三種成分，暫且不談，於此僅就修行中應具之福德、因緣、善根等三要件略作說明。

## 修行必備「善根、福德與因緣」三要件

　　善根、福德、因緣三者皆能一一具足者，即是三十三天王，天人未必三者兼具。一般人（意識人）都知道福德最勝，然而對於善根與因緣卻不能確認。但，行者則不然，行者「首重善根，次觀因緣，福德則為助力與旁證」。最關鍵的是「善根」，如果只有福德，則不能進入實修，大概只能「試修」結緣；若是因緣勝、福德足而無善根，也是結緣而已，這二者端視「行願力」方知出世之果。若是有善根的人，在忉利天中從「起修」這個階段開始即可入「穩定」而邁入菩提道！因此，這個章節雖然談的是「扶正」，亦稱「起修」，也稱「忉利天」，名稱之所以有別，乃是觀察向度不同，實則是三面一體！

　　忉利天是須彌山的山頂，須彌山即妙高山，是比喻意識界中的我執甚深、妙高難過、難以踰越。須彌山的下半部漆黑，表示此間眾生黑業深重的緣故；山腰以上顏色漸白，表示此間眾生白業漸增；山頂顏色純白，表示此間眾生白業盛滿、福報充足之意！

　　忉利天在須彌山頂，中有妙勝殿，四方各有八天，共三十二

天，加妙勝殿合為三十三天。在三十三天裡的人都修世間善法，兼及布施、供養等大福報，其中除了世間倫理道德之外，修十善業的堅持，是為其淨化生命品質的善根。當一位行者的生命品質，經過科班訓練及格，就必然會到此境界，經此輔導而踏上菩提道，此中有三重被動意義：

第一、去世間一般相對善業，而取**絕對善業**。

第二、去外道純禪定，而取**永恆真理之路**。外道禪定是修內力，菩提道是修佛神力，其差別在於內力者為「生命之用」，而佛神力者為「生命之本質」。

第三、菩提道亦捨個人成就之法，而是「**當願眾生**」共同成**就之法**，所以會有統理大眾之願力，此乃「不共別圓」之所在！

忉利天的起修，可以用個比喻來形容：就像父母陪孩子學騎自行車，當各方條件配齊後，在車後扶著，讓孩子用力使勁的往前方大道而去，若跌倒了，就再重來；若成功了，則此去一帆風順，這是為師之責，也是父母滿意的一刻。到此「發心工程」就告一段落了，行者唯有到達此地才能稱叫「禪修入門」試修及格，

可以進入下個階段的「禪修前行」。禪修前行才是禪修基本功夫
的鋪墊,這是師父指導弟子的第二招。

　　本宗禪修的指導也就到這第二招,第三招則是弟子找師父挑
戰,師父是不出手的,只看弟子的表演,此時為師者考察弟子的
成就,唯看「知見」、「功夫」與「行願」三者,自此以去是無
量無邊法門,已然踏上菩提大道了!

# | 煖身二法，暖心分享 |

## Story 1 透過禪修，淨化生命的雜質

口述／隆卿師姐　採訪整理／蘇于修

　　看著有多重障礙的孩子，隆卿師姐無措憤懣、百感交集，默默祈求著上蒼，告訴她怎麼辦？一日夢中，有一景象告訴她要去研讀《華嚴經》，學華嚴，一切就會改變。驚醒後，她又驚又喜的展開尋經求道之路。面對這部於她而言是極艱深難懂的經典，又是人生的一大挑戰；只有用耐心及虔敬心恭讀之外，她別無竅門，心裡也常常對著天祈求，誰可以講解這部華嚴經，讓她明白人生為何？

　　回想夢中聽到的提醒，隆卿師姐至今仍覺得感恩，她花了數年的時間到處尋訪講經高僧，卻總覺得不得其門而入。一九九八年隨著先生外派美國，恰好遇到海雲和上海外弘法，她專心聆聽和上分享「心要法門」闡述人生的四階段，當下豁然開朗，知道這就是她尋覓多年能闡述大華嚴經的導師！「我開始把孩子當成『菩薩』來照顧，有空就聽和上的錄音帶。並整理成文字，提供出版。」龍卿師姐當時把聽經說法當成生命中安頓身心的倚靠。沒想到，這些工程竟累積成日後修學禪觀的資糧。

　　真正開始接觸華嚴禪觀行法是在二〇〇九年左右，她和先生請和上到馬來西亞弘法，導師請夫妻倆回臺接受訓練，開始身體力行實踐大華嚴寺的煖身二法，勤加練習八字功法。

　　對林師姐來說，實踐華嚴禪觀最大的改變是「心性上的轉變」，「我變得比較能接受好的跟壞的因緣。」她說禪修後開始能把不投緣的人當成是「佛」，自己竟然能開始肯定對方的善言語，「生命的雜質」就在調息、調身的過程中逐漸淨化，心靈也開始跟著提升，跟人的關係變得不一樣，「禪修後我開始感恩，看事情也變得更寬廣！」她開心的說。

　　最大的收穫是擁有面對孩子的智慧，「為什麼是我？我是慈祥的母親嗎？」林師姐過往難免起瞋心，如今逐漸提升對生命的覺知，開始把孩子當菩薩，發現自己從單純的孩子身上學到很多。「糾結的時間變短了」她開心的說。

　　然而，禪修是不進則退的過程，練習煖身二法，透過調息調整呼吸，透過八字功法調身，調心的工程也隨之啟動，身心感受

到滿滿的正能量，可是「境界會一直來」隆卿師姐分享，正當你以為自己有所成長，現前的種種境界跟考驗會「重新再把你揉一次」她深有所感，而這正是華嚴禪觀改變生命的必經歷程！

# Story 2 我打開了！

**口述／能秀師姐 採訪整理／蘇于修**

「開心」是每個人都期待的，天天開心、笑口常開，但，這對能秀師姐來說卻是人生上半場的奢求。老公對她疼愛有加，但卻是個不折不扣的大男人，能秀師姐為了小孩、為了家庭圓融，也習慣嚥下自己的想法，乖乖在家當個聽話的家庭主婦。孰料，人生無常，先生罹患肝硬化，她費心照顧了三年，身心俱疲，她好想找一個可以寄託心靈的出口。

她看見姊姊學佛後的心性轉變，萌生親近道場的善念，民國 101 年是她踏進大華嚴寺的日子，隔年就參加了華嚴禪觀第 24 梯，乖乖牌的她很聽話，七天在禪堂如實的跟著助教練習煖身二法，練習八字功法時，下半身逐漸產生能量帶動全身，順著能量專注去揉動，「我閉著眼睛，練了很久⋯⋯很久，然後，就開了！」能秀師姐說。

「就開了！」什麼開了？原來能秀師姐長久抑鬱，眉頭習慣深鎖，身體也長期有駝背、胸悶、腰痠背疼等舊疾，沒想到練習煖身二法後，當下就有一種身心舒坦的感覺。她形容：「就是莫

名的開心，像重生一樣，肋骨、胸口都打開了，心裡也打開了，我高興了很久，好想跟很多人分享。」

這份盈滿的喜悅像是為能秀師姐的生命注入一道甘露，扭轉了一切，過去的就過去了，如今看到她的人都很驚訝她眉宇間散發的溫柔跟開朗，她也迫不及待買了許多佛書要跟朋友分享，沒想到過於熱切的心，卻嚇跑了一票朋友。

她意識到，自己的一頭熱未必是正確的做法，畢竟修行過程中的體會巧妙，又豈是三言兩語說得清的。她轉念，隨緣，不再執著。

後來能秀師姐又再上鹿谷禪堂二度禪觀，專注禪觀的過程中，隱約出現一副白骨在她面前左搖右晃的畫面，她並無驚懼，「我覺得好像看到自己的慣性」她如此詮釋，海雲和上只淡定的說：「看到就看到，不要解釋。」

不過，人生並沒有因此而翻轉，能秀師姐帶著慚愧的心表示：「如果沒有帶著『覺性』持續深化，八字功法就會變成一種慣性

而已，肩頸痠、哪裡痛就扭一下。」重點是是否「置心一處」、是否有運用核心的力量來用力、用對力？

「覺知」如花綻放，吸引了有緣人親近，能秀師姐的改變引起插花班的朋友詢問原由，這一次，她學會用慢、緩、鬆的方式分享，引導大家認識禪觀與煖身二法，一群好朋友就這樣持續練習了兩年。

而她也把禪修的體會運用在花藝上，以往插不出自己想要的感覺的作品，心境轉變後，能秀師姐領悟到「一法通，法法通」，除了不斷的練習，她對花材的運用也更為通透，有了依花而插的悟性，這何嘗不是禪修的美好體會呢！

# 第 3 章

# 導師的叮嚀

本書出版的初始用意，乃是針對禪修下手處的一些應注意事項以及關鍵處加以提示，希望能使有志深入禪修行法的初階行者有所助益。然而，禪師各有手眼，再加上處在當前這樣一個言論自由的時代中，不但無法給出權威的正確標準，又人人皆可合理的詮釋；所以本書名為《禪修入門》，事實上僅是禪修入門的小提示，關鍵是讀者對書中內容抱持什麼樣的閱讀態度，文中所言是絕對的重要與正確的內容。

在長期禪修實踐與教學的過程中，發現了許許多多層出不窮的狀況。這些狀況，有些令人感到啼笑皆非、有些會令人嚇壞了、有些則是真正行者用功到一定程度時的關鍵與節點，此中的情況是：

有些是個人心靈年齡問題，有些是社會心靈年齡的問題，

有些是外道在修法過程所遇到的瓶頸與挫折等問題，

有些則是外道的特質問題，

有些是心理病態，

有些是靈異現象，

有些問題是社會與心理醫學的問題，

有些屬於宗教領域的問題，

有些是宗教野心家的個人、或社會事件，

有些屬於哲學的問題，

有些則是形而上思想哲學範疇的問題，

有些是本元論的問題，

有些是生命與真理的問題，

有些是修行陷阱的問題，

有些是生活境界的現象，

有些是修行境界的瓶頸，

有些是修行的關鍵節點，

有些是生活的慣性問題，

有些是意識形態，

有些是民間信仰的問題……等等。

這些如何處理與解決，是一位當代的禪師所必須具備的能力。上面所提到的種種問題，在教學中是經常出現的。有些與禪修入門相去太遠者暫且不論，但凡與禪修入門有關者，希望藉著最後階段再次提示，因此將社會上這些與心靈、真理、神祕主義乃至借參禪、參學之名有關的環境，總結出兩種現象：「驅邪」與「扶正」之後，再重申禪修之宗旨、目標與下手處，方可一窺禪修之堂奧。

# ｜驅邪｜

首先要談的是「驅邪」的部分：所謂「驅邪」就是辨別「邪正」中的「邪」如何檢別？而與禪修有關的這些「不正作為」總共有三方面，略述之：

## 與調身有關

第一是與調身有關的「瑜伽運動」活動：「瑜伽運動」與「瑜伽」本身有別，猶如「禪文化」與「禪修」在本質上兩者是截然不同。

「瑜伽」的根本定義是修行；而「瑜伽運動」（是 Āsanas）是體位法，廣義體位法包括練功、練太極、練氣功各種功法等等。換言之，瑜伽運動包括所有的強身與體魄訓練，除了各種中國功夫外，西洋的慢跑、健身操、健身房中的運動皆是，這些運動對於健康強身是有所幫助的，但目的也僅止於此。與禪修的解脫目標無關，但也是禪修的資糧道。這部分也是外道朋友們的共同必修科，在各種瑜伽運動中，也發展出其具有特色的異國風情的服裝、飲食、生活習慣，亦有兼及各種治療的阿育醫學、藏醫等等。這類醫療、理療、唱歌跳舞、餐食等習俗，應皆符合各地文化中的合法行為。在不違背其公序良俗，以及不傷害眾生的前提下，

這些屬於良好為人處事的道德規範等，是屬於「修養」的範圍，雖然與禪修的專業無關，但仍必須予以尊重！


## 與調息有關

第二是與調息有關的「養生」活動，及「調息」相關的誤區（注13）針對此二者分述剖析如下：

與「調息」有關的養生活動，包括各種能量、磁場理論、風水、算命、相應、靈異現象等，這些經由調身、調息等功法而衍生的強身、養生的運動之所以大行其道，究其根源多半皆與「紀昌學箭」的同學們一般「視小如大，視微如著」，老師要求學生練習看三年的芝麻，必須把芝麻看得像車輪一樣大，但許多學箭的學生們，學著、學著、變成種芝麻去了。

訓練調身、調息的目的，本是「內攝工程」的前行，乃是為進入內攝工程中的「入定」作準備，而這些練習者，卻忘失了原本學習的標的，轉而進入了養生等運動的行列，此等學生雖已誤入歧途，但在不違背公序良俗、不違法、不傷害眾生的前提下，也不宜苛責。

注 13：誤區：在認知與行為心理學中，因長時間形成的某種錯誤認識或錯誤做法，但是人們並未感到錯誤，甚至認為是正確的，因而邁入失敗或錯誤的陷阱，這個現象被稱之為「誤區效應」。

另有一陷阱即「**調息**」的誤區：所謂調息的誤區，就是「氣動」的迷失，所謂「氣動」的這個問題是中國文化的一種產物。中國以外的文化對於「氣動」的感受，有些如同地震的感受，過了就算，不像中國文化將「氣動」演化到一種次文化系統中。在中國的修行領域中，氣動的描述有「主次」兩個層面：

首先從「次層面」來說，**氣動是經由「調身」而引起的一種幻境**，多半是受到暗示的影響，亦即一經調身或偽稱修行即有氣動。這都不是真氣動，而是心理暗示而生的感覺，此種具有「先天性」的心理暗示原因很多，為一科專門的「心理學」，此處暫不論述。此種氣動情形，安慰、鼓勵之即可。

其次從「主層面」來說，造成此種真正氣動的狀況時，當事人對此狀況的描述是調身來的？或調息來的？他也說不清。**此種真正氣動的狀況即是「任督二脈」或另一派稱「中脈」**。不論是「中脈」或「任督二脈」皆有「主次」兩種現象，乃至「上行氣、下行氣」的狀態。簡言之，意志所能控制者稱「主層面」，意志不能控制者稱「次層面」，而「調息」為主層面；「調息」所控

制的氣動之「氣」則是在「身體內的動」，是為修身、養身、強身之狀態。

　　不管是哪一種都不可詆毀，也有稱此為修身、心、靈者，我們都尊重、不可爭論、各尊其所長即可。記在身體裡面，則是所謂的「內力、內功」，這是體內的實體現象，並非大腦意識的幻想。當然，這方面自有箇中專家，本宗尊重其立場！

　　然而，若從華嚴禪觀而言，「般那四態」當中的「內力」與「神力」是有別的。內力在體內運作，這是修行的初階，其目的是用以「引發身體的本能」，使其恢復健康常態。其次，奠基於「引發身體的本能」後，才能再進一步「激活生命的本能」。要能激活生命的本能就要透過「神力」之功，此時絕非意志力的「想作」可以達到的，也不是「身體的感受」所能及，必須透過禪觀才能逐漸達到。換言之，這是「般若的內觀」與「般那的息身」工程，屬於下一階段的工程。讀者可靜待《禪觀前行》一書的出版，再述其詳。

　　因此，本文在「氣動」中僅討論「主次兩層面」之間的虛實關係。對於主層次的存在，我們並不否認。唯亦如「調身」，本宗禪堂不是健身中心，也非鏢局，更非國術館，因此不在訓練肌

肉。同樣的，我們也不是氣功中心、太極中心、更非體位法中心，所以不會詳論氣動的原理。但對調身、調息的健康作用，我們只是採用，直到身體堪用於修行為止。進一步所求則是如何不再依託身體，轉而進入生命的層次。這才是禪觀的「正行」，是為本禪中的「正禪」！

行者由修習調身、調息等禪修前行，而走向養生、強身等岔路，皆是因為求道之心不堅定，意即發心不正、不純，所以果遭迂曲。縱觀古今中外，禪修者轉而修習養生、強身者，比比皆是。因此，在初發心時重視「發心訓練」，要發願修行，使之具備應有的禪修資格與條件，這乃是發心工程訓練的重要標的。對於其他誤入歧途的遊子們，只要在不毀三觀的大前提下，不必苛責，因為這些人是處在「阿僧祇劫」階段的人，對於當前的這一段生命歷程，略結禪修善緣罷了，必須等待以後資糧具足、因緣成熟之時，才有可能真正步上禪修正軌。

## 與調心有關

第三是與調心有關的「常放逸天」：常放逸天這一類的人，是走入禪修岔路中狀態最嚴重的一群人。此輩人可以「名嘴禪、

忽悠禪」稱之。為何這樣評述呢？因為，調心本是經由「多心」到「一心」的過程，最後進入「靜心」的境界。然而，此輩人卻運用譁眾取寵、腦筋急轉彎或取巧之言詞等方式，套用佛門術語與禪門公案，運用佛學中的名相，大玩「名相積木」的雙簧技巧，其特質是口才一流、口若懸河，每每的數落禪修，而玩弄第一義諦的名相，高唱「一念不生即登大覺」的文字遊戲；侃侃而談「無無明」的境界，卻不屑於「破無明」的實修功夫。尤有甚者，連實修的基礎也沒有。這類人之所以如此，多半是因為他們還有一些福報，所以也會有一些人追隨，這就是常放逸天人。

分析常放逸天的情況，可知他們對「頓」肯定是誤解的！「頓」是指頓教，是「行法」的指導。「漸教」則是「解門」的指導。「解行並重」的指導則是圓教。今之名嘴禪、忽悠禪等輩，所講的頓悟是沒有實踐，未經過實修，只是玩口頭文字的知識而已，在此提醒，有心禪修的人，要睜大雙眼，小心這類徒有名嘴而無實修的人！

名嘴禪等輩的罪過，最嚴重的莫過於阻斷了眾生的法身慧命，斷送了眾生上菩提道的修行之路。學佛人是想修而不知如何修，是正在找尋如何上菩提道的人。在尋覓的過程中也許會找錯

路，又或許會晚些才上路，但名嘴禪的人卻是在入口處截斷了想上菩提道的人。第一義諦、無無明的境界，從他們口中說出來無不天花亂墜，誤導眾生耽迷於文字名相，甚而喪失了上求菩提之心，豈不是罪過。如是走上歧路的人，不但可悲，也令人害怕。

所以，**內觀工程的三要件始自「戒與律」**──端正自己、與人為善，並經「善思惟用心」到「其心在緣」是有一定的標準。凡夫對於「賢聖之道」，豈可妄加推測、自我解讀，豈非太過妄自尊大？！

對正常人而言，在追求某目標時，如何避免步上岔路、走入歧途或掉入陷阱，這是在追求目標時的先決性條件。因此，如何打破這層困擾而安全抵達目標，可說是最重要的任務。人海茫茫，每一個宗教野心家都說他是上帝、是真理，凡夫的你我又要如何判斷呢？當中涉及到主、客觀兩方面的因素。

第一、主觀因素即是每個人所具有的條件，例如你是屬於哪一層次的人，如：

一、**阿僧祇劫史時期的人**：又分 N 個阿僧祇劫史的人，第三阿僧祇劫史的人（即最後一個阿僧祇劫史的人）。

二、**千年史時期的人**：又分 N 個千年史的人，以及第三千年史的人。

三、**始覺史時期的人**：又分始覺期（有 N 個始覺期）、等覺期以及大圓滿覺。

　　這些不同層次時期的眾生，第三阿僧祇劫史與第三千年史時期的人，不論是開始找尋生命的真相（第三阿僧祇劫史）的人，還是正在積累資糧道（第三千年史）的人，各自都有許多自己產生的虛幻問題。這些問題都是指導者所必須面對與解決的。這一主觀因素的存在，行者（更宜稱為修學者）是不自知的，並且這當中還有因緣成熟與否的問題。因此，重點在於指導者的慧眼揀別，以及修學者聽不聽話；若不聽從指導，則一切皆是空談，禪修更是天方夜譚。

　　其次，是客觀因素：所謂客觀是指行者在接受指導時，所須具備的條件，此一條件是「信根」。然而，「信根」並非盲目的迷信，也不是信仰、信任、信心、自信等世俗的意義，而是有絕對的、具體的標的可茲遵循，茲分「能信」、「所信」兩部分說明：

## 能信

一位行者不必擔心你的所信會有問題，「三緣念」是絕對的：第一要「緣念道場」，常常在你的道場出入；第二是「緣念善知識」，道場中有很多師父、師兄姊，要跟師父常常來往，來往之間的談吐當中，師父幫你調整心性。第三是「緣念法門」，但不要急著盲修瞎練。

三緣念不同於外教的恫嚇——絕不背棄上師。須知，一位行者的虔誠信仰是無上的美德，上師有無過失自有其因果，哪裡須你去操心。行者若沒有上師情結，自然也就不會有留戀不去的遺憾，而是隨因緣去留，就如同小學畢業了，就必須離開再升學一般。應知一人弘法有其局限，若經長期修學而無進步，何苦死守一潭死水而不能覺醒。應知生命是一直在成長的，修禪本是要增長法身慧命、兌現靈性，故而在還未到達止於至善之前，必須一再的成長、無盡的超越。

## 所信

即信佛、信法、信僧（佛子所行道）及無上大菩提。將經典

中的理論，具體化為實際生活中的行為，即是三緣念及堅強的意志力：

（一）緣念道場

（二）緣念法門

（三）緣念善知識（包括及與同修之間的行法切磋）

（四）堅強的意志力（即是對無上大菩提的疑情與摸索）

於所信中的第四條「堅強的意志力」，行者所追求的是解脫的無上大菩提，此為行者進入禪修的根本動機，如果，未得無上大菩提，又為何要死守在一處？所以，對此「無上大菩提」必帶著疑情，無盡的邁向未知，一再的探索、無盡的超越。這不是背叛師門，而是成長與兌現，是對法、對真理、對良知的負責。

然而，若是對上師產生「人」的情結，那就是對無上大菩提的叛離、信根不具足、一味追求「人的情誼」，已非禪修的範圍。同樣的，若因「是非人我」而背離菩提道，此果報因果更不可思議。因此，若為禪修求道而言，善財童子的五十三參才是我們的榜樣；在《華嚴經．入法界品》記載，善財童子到處尋找法門要義，從文殊師利菩薩開始到普賢菩薩終參，總共經歷了一百十座城，

共參了五十三位善知識，所以說善財童子是極佳的榜樣。

在華嚴禪觀的發心工程中，透過「八字功法」，能夠一次、同時調整身、息、心三個方面使之端正，而要達到這樣的效果，其中的關鍵在於正確的用力，用力要用到體腔內，直到引發身心的「本能動」。所以八字功法不但可以使「身調」、「息調」、「心調」，更可以直接將生命引到正確的原點，由此開始修行。

這裡要特別補充說明一點：八字功法可以一次、同時調整身、息、心，這裡的「一次同時」並不是一般所認為的 one time 的認知，而是循序漸進，與各種資糧道和主、客觀等因素皆有影響，例如，若無法持續練習功法、心生退卻，或是被虛幻的境界所誤導，都會有影響。但是，最重要的關鍵還是在於行者本身，若有堅強的意志力，經過三到五次的虛心學習，必能有意想不到的驚人效果。

華嚴八字功法是不用大腦的方法，避開了大腦「等式思惟模式」（大腦的邏輯思惟），能令大腦開發出真正的生命本能，而能運用無量無邊的生命能量，這是一種「非等式思惟模式」（非大腦的邏輯思惟），如此才能展現生命本來面目與本地風光。

其次是「扶正」的部分：所謂「扶正」，就是窮盡正法的部分，

# ｜扶正｜

不只本宗的範圍，舉凡有益之行法皆不可詆毀，乃至必須接受彼此間之互補性，令其窮盡。然而，在本宗的修學過程裡，禪堂中是以八字功法為主軸，為了彰顯功法的純粹性，於禪七期間幾乎排除了其他的因素（諸如：不用醫、不用藥，不作特殊的飲食調理……等），乃至各種清理法（如：吞紗布、繩穿鼻孔以及發聲震吼、震攝法……等等），純粹以用力產生內熱而引發本能動乃至激發的全過程，其實踐的效果是絕對客觀的。這是在其他條件不變的情況下，在一個單純、精準的實踐空間中所觀察的功法效果。這是一項純理論實踐的過程，其經驗的淬鍊與理論的辯證，正是華嚴法門中的「理事無礙」法門的實踐與兌現。

　　然而在廣大社會的現實中，要再見到此一實際情況，可能無法再見了！一方面是因為筆者年事已高，再者這是一項任重道遠而又孤獨的任務，尤其是紅塵中的是非太多，恐怕弟子們無法承受教內名嘴禪的抹黑與世俗禪的排擠，更使得此一佛陀珍寶，必須由「正法隱身而入像法、末法」時代了，因此須先行扶正，以符合世俗之需要。如何扶正？所謂「扶正」即是在行法的過程中，不能一味推理，必須要理事合一。意即除了八字功法外，尚須顧及飲食與生活習慣的調理，以及辟穀、清理法等助道資糧，分別說明如後：

# 飲食與生活習慣

有關飲食與生活習慣的部分，可以從陽光、空氣、水三方面，來説明生活習慣對禪修的影響。

## •陽光

並不是古代與現代的陽光有所不同，而是古人多在陽光下生活、工作與活動，而今人多在冷氣房裡工作、在燈光下活動與生活，因此古人流汗多、氣脈通暢，今人則氣脈阻塞，所以在體質上有很大的不同。

## •空氣

古人所談的是「風動？還是幡動？」的話題，現代人關心的則是電價上漲還是下跌？現代生活的問題不是空氣好壞與否，而是在長期在冷氣房中工作、生活與活動，使得肺活量不足、呼吸方式不正常，大大的影響了身體的健康與機能。

## •水

現代飲用的水幾乎都受到了污染，或者水質也是硬水，很難

再喝到自然、無污染的水，即便是有極少數高山地區或者冰川等尚未受到污染，也不是一般正常可取用的情況。此外，在用水的習慣當中，最可怕的是冷飲、加冰塊的習慣，嚴重影響了身體的機能。再者是現代西醫的治療方式，動輒打針、打點滴，這些藥液、點滴都是偏冷的水，一次治療至少是一大袋，更不用談日積月累長期治療，凡此種種，對於身體機能的都有極大的影響。

由於陽光、空氣與水的變化，影響了我們的日常生活與飲食，所以我們身體的結構、機能、免疫力以及原始的本能，都受到了**嚴重的扭曲**，這也是這個時代的行者為什麼要激發生命本能以及身體本能的原因。再者，現代人們所吃到的是食品還是食物？添加了多少東西？吃了多少不必要的加工食品？行者所處的環境或條件愈不好，則激發的可能性愈小，所以必須要從生活習慣以及飲食習慣上著手先行調理，禪堂中自有其相應的作法，坊間也有許多養生飲食以及生活教育等等的流行風潮，亦可參考選擇，以作適當的調理。

**飲食及生活習慣的矯正**，有助於**八字功法的激發**，但若過度倚重或一味的追求談論，恐怕會墮入養生運動的陷阱中，且容易流於戲論而不在道上了。是以，這些與養生相關的種種，可以尊重之、採行之，使其發揮助道之力，但千萬不可迷失其中而捨本逐末。

# 辟穀、清理法等助道資糧

　　清理法幾乎是所有修行領域的共同必修科，所以稱為助道資糧，既稱必修科，即是基礎功課。本宗的各門行法，對於基礎功課，皆必須修持不可略過，「八字功法」即是本宗之清理法。各宗派在運用語言文字以後，以及教學系統化後，就產生互有偏重的情形，如果是從點評的立場上看，就會產生優缺點的情況。因此每一位身心健康、理性抉擇的行者，皆應對各門派的清理法或淨化法，具備聆聽、欣賞、接納的能力。如是截長補短，才能有效且完整的淨化、清理身心靈的障礙，得以免除往後的過程中產生障道之瓶頸。於此，辟穀與清理法兩大系統分析略述如後：

## 辟穀

　　辟穀源自道家養生修身的概念，其意是不食五穀，是道教科班的清理法，其效果顯著，有助於進入禪定，這是依於《黃帝內經》及《道藏》系統的修學成果，但此系統偏向於運用內力，忽略了《黃帝內經》中的菁華──「真氣」的養成，之所以造成偏頗，探究其原因乃是從心輪到喉輪之後的指導失傳所致。要產生真氣唯有經由「真氣」的養成，才能具足「永恆真理」（永恆生命）

的兌現。

　　辟穀的淨化對身心有直接的益處，尤其是對腦部的顱腔廢氣
的清理有極大的效果。如果修法的正行配合得當，在廢氣清理之
後，經由心輪透過喉輪，再到觸碰蝶骨的甘露門，開啟真氣門，
將比印度的昆達里尼（Kundalini）的行法更為猛利，此法又譯為
拙火、靈蛇，梵文原義是「捲曲」的意思，代表生命能量，也是
人體的重要靈性能量。

　　辟穀即是俗稱的斷食、禁食的過程，其實這也是一項工程，
一項斷除飲食的工程。人類的飲食是一種識性活動的行為，故又
稱「段食」（分段吃飯），也稱為「識食」，因為識性的作用，
因此人們愛「吃」，也衍生出飲食文化。然而，辟穀其實是一種
不用大腦的訓練，這是一種透過改變飲食習慣，淨化與激發，達
到不用大腦的目標。對於辟穀一法，在華嚴禪七中亦有採用，偶
爾也舉辦華嚴辟穀禪七。佛道本是一家，相互借鑑正可取其所長、
用其所長、利其優點，以此長養法身慧命，何不為也？

　　在道教的行法中，丹道、辟穀、胎息三者，正如禪修入門之
發心工程（或稱內攝工程前行）。換言之，此三者儼然形成了調
身的功法、調息的呼吸法以及辟穀的清理法，這是一套完整的淨
化身心靈的行法系統。

本宗的八字功法，在整套的教學系統中，同樣也具備這三個部分，故而有調身、調息、調心等三套流程，只是在實踐步驟上屬於一站式的功法，意即一站即可到達終點。因此具有三種調整一次到位的效果，若有學生在學習時無法抓到要領，亦可分階進行，以體位法調身；呼吸法調息；用辟穀或清理法協助清理身心問題。其實，用力至內臟是一切清理法的上上之選，也是禪修過程中開啟佛陀珍寶的第一把鑰匙，望諸行者千萬不要忽略了！若有行者想要運用辟穀或印度教的清理法，以助破除修行上身心障礙與瓶頸亦無不可。我們是採取開放的態度採納之，只是不特別強調而已，這是為了避免過度強調養生運動而混淆學習的本質。

## 印度教的清理法

印度教的清理法也同樣包括了調身的體位法，調息的呼吸法，以及清理法中的斷食、繩穿鼻孔、吞紗布清胃、吸管清耳、蓖麻油排泄清腸等方法。

印度人對身體修練似乎特別偏好，因此發明了很多調理身體的方法，這些方法是否真能達到其特殊的目的，我們無法一一驗證，但是有些對身體淨化與清理是有效的，我們也不反對，但是也同樣不特別強調與推廣。要提醒的是學習這些清理法，必須遇

到「會而能教」的人指導，有問題時才能找指導者解決，這一點行者們必須要特別留意！不要自己看書盲修瞎練。

　　印度教的清理法顯然是受到阿斯坦瑜伽的影響，所以清理法就摻入了體位法中，因此近二百年來「修行的瑜伽」就變成了「運動的瑜伽」，因為修行變成了運動，所以修行人也變成了運動員乃至醫美人員。唯獨印度的修習者自認為是修行人，可偏向運動員的修練，這是他們忽略了清理法的重要性所致！清理法本該是在調心工程中的一個項目，但他們把調心當成了靜心，所以流失了調心工程，因此只好把清理法當作調身的一部分，而不知道為什麼要作清理法的原因。

　　其實，印度教的清理法也是不用大腦的工程，你可以去試試吞紗布的清理法，紗布要吞進胃裡並不容易，吞的過程也是極不舒服的，在吞時你是在調心？還是在調身？與這種方式相對比，本宗的八字功法，用力到體腔的清理效果與方法，無疑是最好的選擇，這是直接由調心下手，行者若是真的激發，完全可以改變心性，若是作弊，是假的激發，心性就不可能改變，這是無法造假的！

暖身 華嚴禪修入門──導師的叮嚀

# | 結語 |

至此，有關禪修入門一些應有的提示、應注意的事項，文中也談了不少。在當前這樣的世代裡，人們容易有一種錯覺，這就是主客不分、古今不分、裡外不分，到底孰輕孰重無法定論，所以為何而生？生為何來？無解！因為一切都分不清。行者欲入禪門所為何事？今以禪修入門提示叮嚀，望諸行者莫走岔了路，切莫誤入修行陷阱之中，當以「何以修行眾，而成就者寡？」常自警醒！

本書是屬於技術面的指導書籍，雖說是技術面，但也僅止於書本文字的指導而已，有關實際運作的部分必得在禪堂內摸索與實踐，在實踐摸索中的現場指導是可貴的，這些現場的指導者才是你真正的善知識。常有人問：「這樣作對嗎？」、「這姿勢對嗎？」、「這境界對嗎？」，這樣的問法與立場是有問題的，因為你所進行的功課，都是認真依教奉行的，怎麼會不對呢？只是這種問法的態度是屬於「求知型」的心態。應知禪修不是一項商品，更不是一項知識，也不是一項技術。若要具體的說，「禪修是一種心態」，「禪是一種心境」，所以禪修更像是對某一種心境的探討（朦朧中的意境）的琢磨。

所以，禪修是自己對於真理的一種尊重，而這種出自於自我尊重的兌現，所欲進行的

系列工程即是禪修。欲進行此一工程，須要具備什麼樣的條件與資格？又要如何具備這些資格與條件？這就是本書的標的──「發心工程」。此發心工程在整個禪修全程中，只是禪修前行的資糧道而已，亦即尚有「禪修前行」的另一單元。修學者在發心工程中，想要「一步到位」並非不可能，因為在發心工程中所指導的本就是「一步到位」的工程，但行者們千萬不要誤解了這裡所指的一步到位的意涵，須知一步到位乃是一項工程，不是一次性交易！

舉例來說「祈禱」這件事再簡單不過了，但其結果呢？有效嗎？因為祈禱不是一次性交易，而是一項工程，你有這項工程的指導嗎？「發心工程」的指導就是這種工程的指導，這項工程的指導，除了前述的細部分析與指示外，尚有一套工程的指導密碼，這個密碼又稱為「心法上師灌頂真言」。此真言乃是古今中外所有成就的聖人共同的祕密，在不同的文化體制中，所用的語言雖然有所不同，但內容是百分之百一致的。**心法真言是「克己復禮，反求諸己」**。不要以為它簡單，三歲小孩都會，事實上八十歲老翁也未必能作到。這是中國文化的實踐精神，也是邁往真理之路的標竿！如何進行呢？這就是本宗的專利了，以「用力到體腔」的這項工程來說，你就要用「克己復禮，反求諸己」的態度與方

法去一再的摸索、嘗試與實踐，要如何摸索、嘗試與實踐呢？行者對於外在環境與內在的心境上，必須要能一再的調整，此一調整已涉及到調身、調息與調心領域，以下就是每個人的工程了，這就是「心法真言」的祕密所在！民間有句諺語：「江湖一點訣，說開了就不值錢！」確實如此，記得我們要的是「兌現」的果實，凡是兌現的都是聖人，所以要「一再的摸索、嘗試與實踐，直到兌現為止」。

在禪修中每一個步驟的指導都是技術面，而此真誠的態度則是工程面，若不具備此種「求道型」的心態，則永遠無法知道觸及此一工程中的進行過程，一生枉費工夫，也終將錯過而徒留遺憾！

本書雖屬入門書，但涉及面廣，除歷史因素略作涉及，恐怕也會發生許多「你」沒聽過的歷史源頭。即使是當今的社會實況，你也未必能知。書中這些歷史源頭與當今實況，如涉及到你不知的層面，可以略過，取你有用、可用的部分。若想親身體驗，則需就近找「華嚴禪堂」所認可的「淨化禪」作初步嘗試。而此書剖析禪修前行之脈絡，諸君可細讀五、六遍，大概可知「禪修入門」之大要！

暖身 華嚴禪修入門──導師的叮嚀

# 煖身 華嚴禪修入門

作　　　者／海雲繼夢
統　　　籌／陳文龍
封 面 設 計／自由落體
專 書 編 修／蘇于修
內 文 審 稿／釋普慧、林淑卿、徐瀅雙
美 術 編 輯／申朗創意
企 畫 選 書 人／賈俊國

總　編　輯／賈俊國
副 總 編 輯／蘇士尹
編　　　輯／高懿萩
行 銷 企 畫／張莉滎‧蕭羽猜

發　行　人／何飛鵬
法 律 顧 問／元禾法律事務所王子文律師
出　　　版／布克文化出版事業部
　　　　　　台北市中山區民生東路二段 141 號 8 樓
　　　　　　電話：(02)2500-7008　傳真：(02)2502-7676
　　　　　　Email：sbooker.service@cite.com.tw
發　　　行／英屬蓋曼群島商家庭傳媒股份有限公司城邦分公司
　　　　　　台北市中山區民生東路二段 141 號 2 樓
　　　　　　書虫客服務專線：(02)2500-7718；2500-7719
　　　　　　24 小時傳真專線：(02)2500-1990；2500-1991
　　　　　　劃撥帳號：19863813；戶名：書虫股份有限公司
　　　　　　讀者服務信箱：service@readingclub.com.tw
香港發行所／城邦（香港）出版集團有限公司
　　　　　　香港灣仔駱克道 193 號東超商業中心 1 樓
　　　　　　電話：+852-2508-6231　傳真：+852-2578-9337
　　　　　　Email：hkcite@biznetvigator.com
馬新發行所／城邦（馬新）出版集團 Cité (M) Sdn. Bhd.
　　　　　　41, Jalan Radin Anum, Bandar Baru Sri Petaling,
　　　　　　57000 Kuala Lumpur, Malaysia
　　　　　　電話：+603- 9057-8822　傳真：+603- 9057-6622
　　　　　　Email：cite@cite.com.my
印　　　刷／卡樂彩色製版印刷有限公司
初　　　版／2020 年 10 月
定　　　價／300 元

城邦讀書花園　布克文化　大華嚴寺
www.cite.com.tw　www.sbooker.com.tw